Wenn alles anders kommt

»*Hoffnung? Ja, wenn sie leise bleibt.*«
Peter Handke

JOSEF EPP

Wenn alles anders kommt

Zwischen Erschütterung und Neuorientierung

Was mich durch Krisenzeiten trägt

Patmos Verlag

VERLAGSGRUPPE PATMOS

PATMOS
ESCHBACH
GRÜNEWALD
THORBECKE
SCHWABEN
VER SACRUM

Die Verlagsgruppe
mit Sinn für das Leben

Die Verlagsgruppe Patmos ist sich ihrer Verantwortung gegenüber unserer Umwelt bewusst. Wir folgen dem Prinzip der Nachhaltigkeit und streben den Einklang von wirtschaftlicher Entwicklung, sozialer Sicherheit und Erhaltung unserer natürlichen Lebensgrundlagen an. Näheres zur Nachhaltigkeitsstrategie der Verlagsgruppe Patmos auf unserer Website www.verlagsgruppe-patmos.de/nachhaltig-gut-leben

Bibliografische Information der Deutschen Nationalbibliothek
Die Deutsche Nationalbibliothek verzeichnet diese Publikation in der Deutschen Nationalbibliografie; detaillierte bibliografische Daten sind im Internet über http://dnb.d-nb.de abrufbar.

Alle Rechte vorbehalten
© 2023 Patmos Verlag
Verlagsgruppe Patmos in der Schwabenverlag AG, Ostfildern
www.verlagsgruppe-patmos.de

Umschlaggestaltung: Finken & Bumiller, Stuttgart
Gestaltung, Satz und Repro: Schwabenverlag AG, Ostfildern
Druck: GGP Media GmbH, Pößneck
Hergestellt in Deutschland
ISBN 978-3-8436-1444-3

Inhalt

- 7 IM VORAUS

- 11 ALLEN MENSCHEN GEMEINSAM: KRISENERFAHRUNGEN
- 11 Manchmal sagt ein Bild mehr
- 15 Krisen sind unvermeidlich
- 16 Alles ist im Wandel
- 18 Wir sind immer begrenzt
- 20 Wir sind vergänglich
- 24 Die »eine« Krise gibt es nicht
- 27 Die »großen« und die »kleinen« Krisen

- 31 GANZ PERSÖNLICH: WENN ALLES ANDERS KOMMT (JOSEF EPP)

- 39 KRISEN-GEBIETE
- 40 Vertrautes gerät in Gefahr
- 41 Die Lebenskraft wird bedroht
- 43 Zerwürfnis und Isolation
- 48 Die Seele im Dunkeln
- 51 Der schmerzliche Verlust
- 53 Es hat keinen Sinn mehr

- 57 GANZ PERSÖNLICH: PRINZIP HOFFNUNG – DER WEG DURCH DIE KRANKHEIT (SIGRID LOSERT)
- 57 Krankheit nimmt ihren Lauf
- 60 Ein neues Nachdenken über Einstellungen und Lebensweise
- 62 Prinzip Hoffnung

- 63 KNOTENPUNKTE AUF KRISENWEGEN
- 65 Die Begegnung mit sich selbst
- 70 Beziehungen in verändertem Licht
- 74 Der Boden unter den Füßen

- 79 GANZ PERSÖNLICH: ZWEIMAL EIN »SECHSER IM LOTTO« – DER WEG DURCH DIE PSYCHISCHE KRISE (ANGELA EBERHARD)

89	**WEGGEPÄCK IN KRISENZEITEN**
89	Sich der Wirklichkeit stellen
93	Sich selbst nahekommen
98	Zur Ruhe kommen
102	Kräfte stärken
105	Entscheidungen treffen
109	Verbindungen pflegen
112	Hilfe zulassen
114	Dem Druck entgehen
117	**GANZ PERSÖNLICH: WENN DAS SCHICKSAL DIE LEICHTIGKEIT NIMMT – ALS KIND UND JUGENDLICHER KRISEN BEWÄLTIGEN (CLEMENS EPP)**
121	**AUF DER SUCHE NACH SINN**
121	Immer wieder suchen
125	Den inneren Menschen gestalten
128	Spuren der Zuversicht entdecken
130	Die Tiefe des Lebens erahnen
133	Unbegreiflicher Nähe vertrauen
137	Unfassbar und vielleicht doch gegenwärtig
141	**NACH DER KRISE**
147	**DANK**
149	**QUELLENVERZEICHNIS**
150	**ÜBER DEN AUTOR**

Im Voraus

Krisen – sie ereignen sich im ganz persönlichen Lebensbereich und in globalen Zusammenhängen. Sie geschehen im Innersten unseres Herzens und in der Atmosphäre unseres Planeten. Wir kennen die individuelle Krise einer Person und die universellen Krisen der Menschheit. Wir erleben die intime und verborgene Beziehungskrise und die offensichtlichen, unübersehbaren politischen Krisen bis hin zum bedrohlichen Krieg. Manchmal schmerzen sie kurz und vorübergehend, doch genauso können sie anhaltend und von schier unerträglicher Dauer sein.

Krisen – sie begegnen uns völlig unsystematisch und unberechenbar. Sie zeichnen sich manchmal langsam ab und beschleichen unser Empfinden nach und nach. Sie schlagen aber auch ein wie ein Blitz, unvermutet und brutal, von einem Augenblick auf den anderen.

Krisen – wir erfahren sie in ganz verschiedenen Dimensionen. Sie stehen im sachlichen Zusammenhang einer politischen Entwicklung oder eines Unternehmens und verlangen nach sachgerechten Lösungen. Sie treffen aber auch Menschen in persönlichsten Bereichen und lösen Gefühlschaos, Ängste und Erschütterungen aus. Wie kann so eine Situation bewältigt werden?

Allein diese kurzen Überlegungen machen deutlich: Krisen kann man nicht systematisieren, sie folgen keinem nachvollziehbaren Konzept und wenn zwei von einer Krise sprechen, meinen sie meist etwas Verschiedenes. Und was wichtig ist: Es besteht ein fundamentaler Unterschied, ob man eine Krise von außen beobachtet und bespricht oder ob man sie unmittelbar erfährt und durchlebt.

Und doch ist es wichtig, über Krisen zu sprechen und nachzudenken. Warum? Weil es kein menschliches Leben und Zusammenleben ohne Krise gibt. Weil Krisen zu jeder Biografie gehören. Weil Menschen unter Krisen unendlich leiden und auch daran zerbrechen können und doch ein Weg in die Zukunft ersehnt wird. Weil Krisen Ausgangspunkte wichtiger künftiger Lebensschritte sein können.

Daher soll in diesem Buch über Krisen nachgedacht werden. Wichtiger Ausgangspunkt sind dabei sehr persönliche Krisenerfahrungen. Menschen aus meinem Umfeld und ich selbst sprechen von Krisen, die wir erfahren mussten. Nicht, weil wir unsere Erfahrungen höher gewichten als andere, sondern weil wir damit die Individualität des Themas ausdrücken und die Vielfalt der Erfahrungen respektieren wollen. Und weil wir eine wichtige Voraussetzung für ein Nachdenken über Krisen erfüllen möchten: Offenheit und persönliche Beteiligung. Die Zuschauerrolle von der Tribüne aus wird Krisen nicht gerecht.

Im Ausdruck solcher Erfahrungen kommen Gefühle und Fragestellungen, Prozesse und biografische Umbrüche zur Sprache. Der Blick all der anderen Betroffenen auf ihre Erfahrung kann damit korrespondieren. Ähnlichkeiten fallen auf, Unterschiede zeichnen sich ab. Fragen stehen im Raum. Dies kann helfen, eine eigene Krise bewusst wahrzunehmen und in ihrer Besonderheit zu betrachten. So kann ein wichtiger Prozess beginnen, der über die Krise hinausführt.

Diesem Prozess soll es auch dienen, einige Grunderfahrungen in Krisen zu reflektieren und kräftigende und ermutigende Impulse zu Wort kommen zu lassen. Keiner von ihnen ist ohne Erfahrungshintergrund und doch ist jeder dieser Gedanken nur ein Angebot, niemals ein Rezept.

Eine Absicht besteht darin, dass spürbar wird, wie schmerzhaft Krisen sein können und wie unverzichtbar es ist, jede und jeden in dieser Situation zugewandt wahrzunehmen und in der je eigenen Erfahrung anzunehmen. Ein tiefer Wunsch ist es, dass sich Horizonte und Perspektiven eröffnen, die auf dem Weg durch das Leben in schwierigen Zeiten Licht und Stärkung sein können.

Allen Menschen gemeinsam: Krisenerfahrungen

Manchmal sagt ein Bild mehr

Käthe Kollwitz
„An der Kirchenmauer"

Ein unspektakuläres und doch vielsagendes Bild der großen Künstlerin Käthe Kollwitz (1867–1945), vermutlich 1893 als Radierung entstanden.

Eine alte Frau, der Kleidung nach aus dem einfachen Volk, hat sich auf den Boden gesetzt. Ihre Körbe – möglicherweise kommt sie vom Markt – hat sie neben sich abgestellt. Die Augen sind geschlossen, der Kopf in die linke Hand gestützt. Diese verbirgt den Großteil des Gesichts. Mit dem Titel verbindet die Künstlerin eine Ortsangabe: Die Frau sitzt an einer Kirchenmauer. In der Wandnische – kaum erkennbar – soll ein Marienbildnis angedeutet sein.

Käthe Kollwitz lebte in Berlin, ihr Mann betrieb am Prenzlauer Berg eine Arztpraxis und war als »Armenarzt« bekannt. Die Künstlerin erlebte die bittere Armut der Industrialisierungszeit, das Elend in den Arbeiterunterkünften, die Rechtlosigkeit der Frauen. Sie sah das Elend der Kinder und die hohe Kindersterblichkeit. Zugleich war sie Zeitzeugin der Friedlosigkeit, die in den furchtbaren Ersten Weltkrieg mündete und ihr persönlich großes Leid zufügte. Ihr Sohn Peter fiel mit 18 Jahren im Krieg. Krisenerfahrungen in großer Dichte. Schicksale, die an die Substanz gehen. Käthe Kollwitz verfiel nicht in Schweigen und Resignation. Trauer und Rebellion, Betroffenheit und Aufschrei legte sie in den Ausdruck ihrer Kunst. Dies war eine wichtige Art und Weise ihrer Auseinandersetzung.

Für Käthe Kollwitz lag es nahe, sich für die Arbeiter- und Frauenbewegung zu engagieren, den Krieg anzuklagen. Eine innere Suche und ein sensibler Umgang mit den tiefen Fragen von Menschen klingen in vielen Werken an. Ihr Schaffen war sozial engagiert und sensibel für ganz persönliche Fragestellungen. Sie agierte politisch laut und buchstäblich plakativ. Zugleich ließ sie Raum für das Leise und zeigte Behutsamkeit.

Das Bild der sitzenden Frau gibt keine Information über deren erlittenes Schicksal. Herkunft, besondere Ereignisse oder konkrete Probleme bleiben unausgesprochen. Aber es eröffnet einen Blick in die Situation eines Menschen in der Krise. Eigene Erfahrungen können wach werden. Der Betrachter kann aus seiner Sicht verschiedene Wahrnehmungen, Vermutungen und Geschichten mit der Person auf dem Bild in Berührung kommen lassen.

Da sitzt jemand an einer öffentlichen Stelle, vielleicht, weil die Füße nicht mehr tragen, weil die Kraft geschwunden ist. Menschen geraten durch die Erschütterungen des Lebens aus dem Tritt. Krisen entziehen den festen Boden unter den Füßen. Was einst feste Grundlage war, beginnt zu wanken. Einschneidende Ereignisse oder langwierige Prozesse nehmen den klaren Standpunkt und rauben die Kraft, etwas durchzustehen.

Die ganze Körpersprache drückt Müdigkeit und Erschöpfung aus, eine hohe künstlerische Ausdruckskraft teilt sich mit. Diese Frau kann nicht mehr, ist am Ende, will nur noch ihre Ruhe. Menschen in Krisen geraten vielfach an diese Grenze, an der nichts mehr geht. Kraftreserven sind aufgebraucht. Die Selbstüberwindung gelingt nicht mehr. Die Haltung kann nicht mehr bewahrt werden. Das Ringen um den äußeren Schein scheitert. Die Erfahrung abgrundtiefer Erschöpfung ist ein Wesenszug zahlreicher Krisen.

Die geschlossenen Augen sind ein aussagekräftiges Sinnbild. Ein Mensch kann nicht mehr hinschauen, will nicht mehr sehen, was ihn umgibt. Die Verbindung zur Außenwelt bricht ab, man zieht sich ganz in sich zurück. Es besteht keine Aus-sicht mehr, man blickt nicht mehr durch. Nirgends ist eine Perspektive zu sehen, die wieder auf die Beine helfen könnte. Da ist kein Weg erkennbar, der ermutigen und locken würde.

Auch das verborgene Gesicht verweist auf eine tiefe Bedeutung. Krisen treiben oft in die Isolation, in den Rückzug. Man will nichts mehr sehen und hören und man will sich selbst nicht mehr zeigen und nicht gesehen werden. Dies steht auch in Verbindung mit der Erfahrung des Gesichtsverlustes. Schwere Erschütterungen des Lebens, die in die Krise treiben, berühren das Selbstbild und die sozialen Bezüge. Man zweifelt an sich selbst und befürchtet den Verlust von Anerkennung und Wertschätzung. Scham und diffuse Schuldgefühle gesellen sich hinzu. Eine Grundhaltung der Vermeidung von Kontakten baut sich auf. Die Hand vor dem Gesicht will vor Blicken anderer schützen und eigene Mitteilungen verbergen.

Der Titel des Bildes beschreibt den Ort der Situation, der sonst nicht zu erkennen wäre. Was bewegt die Künstlerin, diese Frau an der Kirchenmauer zu positionieren? Hinweis auf einen Ruheplatz, der allen Menschen offen stehen sollte? Verdeutlichung, dass auch dort, wo geistlicher Trost sein sollte, Menschen zerbrechen? Nähe zu einer möglichen Anlaufstelle an Tiefpunkten des Lebens? Begegnung mit Kirche als kaltem und leblosem Gebäude? Hoffnung auf eine Kraft, die uns eröffnet wird? Wir wissen es nicht. Krisen werfen Fragen auf. Deren Beantwortung liegt oft genug im Dunkeln.

Das Bild von Käthe Kollwitz ist schlicht, ohne äußeres Ereignis und szenischen Spannungsbogen. Es ist eine Momentaufnahme mit Tiefgründigkeit. Es zeigt einen Menschen in seiner Erschöpfung und Kraftlosigkeit, in einer wahrnehmbaren Not. Dies kann Hinweis auf Menschen in unserer Lebenswelt sein, die genau das erleiden. Es kann zugleich Spiegelbild der eigenen Verfassung sein und einen Anteil der eigenen Gefühls- und Erfahrungswelt zum Ausdruck bringen.

Wir müssen das Bild nicht interpretieren. Wir dürfen uns einfach von ihm ansprechen und die Bildsprache auf uns wirken lassen. Wir können bei Details verweilen oder unsere Gedanken schweifen lassen. Wir entdecken vielleicht Stimmungen und Ausdrucksformen, die uns wohlbekannt sind – aus der Begegnung mit anderen und aus der eigenen Erfahrung. Vielleicht ergreift uns eine Nachdenklichkeit über einen wichtigen Teil unserer Lebenswirklichkeit jenseits des Erfolgs, des Schönen, der großen Freuden unseres Daseins.

Krisen sind unvermeidlich

Es mag banal klingen, aber nichts kann darüber hinwegtäuschen: Krisen gehören zum Leben und niemand gelangt krisenfrei durch sein Dasein. Kein Mensch sollte die Erwartung aufbauen, dass im eigenen Leben immer alles gut und glatt gelingen muss.

Nein, kein Daumen zeigt immer nur nach oben. Diese Hybris, die von der Realität wegführt, können wir uns ersparen. Es nimmt auch einen gewissen Druck von uns, immer alles schönzeichnen zu müssen und bestimmte Erfahrungen auf Distanz zu halten. Es ist nicht nötig, die Kluft zwischen der gewünschten und der tatsächlichen Lebenswirklichkeit aufwendig zu überbrücken. Der Versuch, die Fassade eines krisenfreien Lebens zu erhalten, kostet für sich schon viel zu viel Kraft. Er ist schlicht unehrlich.

Die Tatsache unvermeidlicher Krisen begründet sich aus drei allgemeingültigen Erfahrungen. Bei aller individuellen Verschiedenheit lassen sich diese Erfahrungen in jeder Lebensgeschichte entdecken und in ihrer je eigenen Art und Weise nachverfolgen.

Alles ist im Wandel

Weil wir uns jeden Augenblick unseres Lebens verändern und dies für unseren Körper, unsere Gefühlsverfassung und die gesamte Mitwelt gilt, erleben wir den unaufhörlichen Wandel. Die alte Weisheit der Griechen, dass alles im Fluss ist und wir nie zweimal in denselben Fluss steigen können, ist sprichwörtlich geworden. Sie ist eine grundlegende Lebenswahrheit.

Wandel bedeutet, dass etwas dem Ende entgegengeht und oft auch aufhört und etwas anderes beginnt, dass sich stetig Veränderung ereignet. Wir müssen also etwas aufgeben, neu einordnen oder auch loslassen und uns Neuem öffnen, uns darauf einstellen. Wandel bedeutet Verlust und Gewinn, Abschied und Aufbruch, Überwindung und Entdeckung, Krise und Chance, Verunsicherung und Verheißung. In der Psychologie hören wir oft von der sogenannten Anpassungsstörung. Gefühle und Sozialverhalten geraten in den Umbrüchen der Lebensgeschichte in Verunsicherungen und Turbulenzen. Unser seelisches und körperliches Gleichgewicht kann ins Wanken geraten.

Die Entwicklungspsychologie beschreibt wichtige Wandlungsprozesse auf dem menschlichen Lebensweg und befasst sich mit den prägenden Umbrüchen in der Kindheit, der Pubertät, dem Erwachsenwerden, dem Altern. Das Phänomen der Krise gehört zu diesen Zeiten der einschneidenden und entwicklungsbedingten Veränderungen in einer Lebensgeschichte.

Dafür gibt es viele Beispiele:
- Die langsame Ablösung von Mutter und Vater entspricht der Entwicklung zu Selbstständigkeit und Autonomie und ist daher notwendig und spannend. Sie geht aber Hand in Hand mit Ängsten, Verunsicherungen und emo-

tionalen Wechselbädern. Neues ist noch so fremd und Vertrautes erscheint gefährdet. Mancher Schritt in die Eigenständigkeit ist mit schmerzhaften Erfahrungen verbunden.

Und so wechselvoll geht es weiter:
- Wir erleben den Zauber der ersten Liebe und zugleich die großen inneren Unsicherheiten, den Liebeskummer und meist auch schmerzhafte Enttäuschungen.
- Wir gehen gespannt und motiviert in eine neue berufliche Aufgabe und leiden zugleich unter Ängsten und Selbstzweifeln und müssen gegebenenfalls mit ernüchternden Realitäten zurechtkommen.
- Wir freuen uns auf Familiennachwuchs und genießen dieses Glück, doch schlaflose Nächte können an den Nerven zehren, neue Sorgen tauchen auf.
- Die Kinder gehen ihren eigenen Weg und verlassen das Haus, Freiräume eröffnen sich, lange Jahre der Verantwortung gehen zu Ende. Doch zugleich wird bewusst, dass ein wichtiger Lebensabschnitt zu Ende geht, dass man lieb gewonnene Menschen loslassen muss und das Haus plötzlich ruhig und leer geworden ist.
- Wir freuen uns auf den Ruhestand und malen uns aus, was wir alles genießen wollen. Doch nicht selten wird uns auch bewusst, dass ein letzter Lebensabschnitt beginnt. Manche Alltagskontakte werden weniger und vertraute Alltagsstrukturen gehen verloren. Die Sorge um die Gesundheit wächst und wir verlieren in bestimmten Rollen an Bedeutung.
- Der Wandel hat viele Gesichter und ist stetig. Er hält das Leben in Spannung und öffnet immer wieder neue Türen und Erfahrungen. Leben ist durch Veränderung in Bewegung und erstarrt nicht. Doch der Wandel bringt auch

belastende Herausforderungen. Wir müssen Verluste verkraften und uns der Herausforderungen neuer Entwicklungen stellen. Dies geht mit Verunsicherungen, Ängsten und Risiken einher. Mancher Wandel stürzt uns in Zweifel und den Wunsch, es möge sich schnell wieder ändern.

Wir sind immer begrenzt

Wir kennen das Gefühl: Uns steht die Welt offen, wir sind frei, vor uns liegt das Leben. Wir fühlen uns voller Kraft und nahezu unbezwingbar. Solch überschwängliche Momente sind prägend. Doch sie stoßen unvermeidlich an ihre Grenzen.

Denn wir alle müssen mit vielerlei Grenzen zurechtkommen, ob wir wollen oder nicht. Dabei sind Unterscheidungen wichtig. Nicht alle Grenzen sind akzeptabel. Bei manchen wäre es nicht angebracht, sich allzu schnell mit ihnen abzufinden. Zwänge und Konventionen, Hemmungen und mangelndes Selbstvertrauen können überwunden werden. Negative Einstellungen in unserer Umgebung können sehr eingrenzen, sind aber durchaus veränderbar. Grenzen zwischen Menschen können durch Dialoge in Bewegung kommen.

Doch anderen Grenzerfahrungen müssen wir uns fügen. Wir leben begrenzt in Raum und Zeit, das ist Rahmenbedingung unseres Menschseins. Wir können immer nur an einem Ort zugleich sein und müssen uns daher oft entscheiden. Entfernungen grenzen unsere Entfaltungsmöglichkeiten und Aktivitäten ein. Orte, an denen wir uns aufhalten, haben ihre Eigenarten, ihr Klima und werden uns zu Lebensräumen.

Ein Leben lang bestimmt uns die Dimension der Zeit. Unser Tag hat nur vierundzwanzig Stunden, räumliche und zeitliche Grenzen sind manchmal unüberwindlich. Gleichzeitigkeit ist oft unmöglich. Bestimmte Ereignisse haben ihren genauen Zeitpunkt und wir müssen uns danach richten. Verpassen wir wichtige Momente, sind sie keineswegs immer wiederholbar. Zeit sorgt dafür, dass wir viele Dinge verpassen oder uns entgehen lassen müssen. Zeit fordert unsere Gestaltungskraft und Entscheidungsfähigkeit. Sie ist mitunter eine sehr knappe Ressource.

Zugleich erfahren wir die körperlichen und seelischen Begrenzungen. Ohne Nahrung, Schlaf und Beziehung können wir nicht leben. Unserer Aufnahmekapazität setzen Sinne und Gehirn Grenzen. Unsere Gefühle entziehen sich unserer Kontrolle. Unser Skelett und unsere Muskulatur unterliegen Veränderungen, werden im Alterungsprozess anfälliger. Unserem Leistungsvermögen sind physische und psychische Grenzen gesetzt. Wir können erkranken und erleben Schwächen.

Wie gerne wären wir unverwundbar und übermächtig. Die Sage vom Bad des Helden Siegfried im Drachenblut oder die Siegermentalität von Superman übt nicht umsonst so viel Faszination aus. Doch dieser Traum zerplatzt täglich. Körper, Gedanken und Seele sind verletzlich. Unsere Lebensgeschichte hinterlässt Spuren und Narben, oft unbewusst. Viele Verletzungen melden sich erst nach Jahren in ganzer Härte.

Weil wir niemals nur für uns selbst, sondern immer im engeren oder weiteren Verbund leben, erfahren wir die Begrenztheit auch über unsere ganz individuelle Verwundbarkeit hinaus. Zusammenleben und Gemeinschaft sind schön und lebensnotwendig, aber sie schränken auch ein. Sie schenken Halt und Sicherheit, verursachen aber auch

Reibungsflächen und Verletzungen. Auf der einen Seite müssen wir Rücksichten nehmen und auf andere Menschen eingehen, auf der anderen werden wir getragen und unterstützt, aber auch bedrängt und beschädigt.

Weil Selbstentfaltung, Autonomie und Wunscherfüllung an natürliche und soziale Grenzen stoßen, geraten wir immer wieder in entsprechende Krisen. Wir leiden unter körperlicher Begrenzung und haben Angst bei bestimmten Symptomen. Verpasste Möglichkeiten und Zeitdruck können uns schwer zusetzen. Es belastet uns, in konfliktgeladenen Bezugsfeldern zu stehen, und Zerwürfnisse schmerzen uns. Es tut weh, von lieben Menschen getrennt zu sein, und es bedrückt uns, wenn wichtige Verbindungen nicht mehr bestehen.

All das können wir nicht umfassend und eigenmächtig gestalten und steuern. Ob wir wollen oder nicht – wir müssen mit Grenzen leben. An manchen reiben wir uns und manche machen uns nachhaltig zu schaffen. An manchen drohen wir auch zu zerbrechen.

Wir sind vergänglich
»Mitten im Leben sind wir vom Tod umfangen«, dieser Ausspruch wird Martin Luther zugeschrieben. Die Worte kommen aus einer Zeit, wo die Lebenserwartung weitaus geringer war als heute. Hohe Kindersterblichkeit und epidemische Erkrankungen ohne medizinische Gegenmittel gehörten zur Lebenserfahrung. Vieles ist heute zum Glück anders und wir dürfen für die umfassenden Möglichkeiten in Wissenschaft und Medizin dankbar sein. Doch gerade die Covid-Pandemie führte uns drastisch vor Augen, dass uns auf einmal wieder Ohnmacht und Hilflosigkeit ereilt haben. Im 21. Jahrhundert mussten wir wieder in neuer Weise ak-

zeptieren, dass die Hybris von Unverwundbarkeit und Heilbarkeit aller Beschwerden nicht verdecken kann, dass uns auch heute der Tod umfängt. Angela Eberhards Figur aus dem Zyklus »Totentanz« hat diesen Gedanken prägnant ins Bild gesetzt.

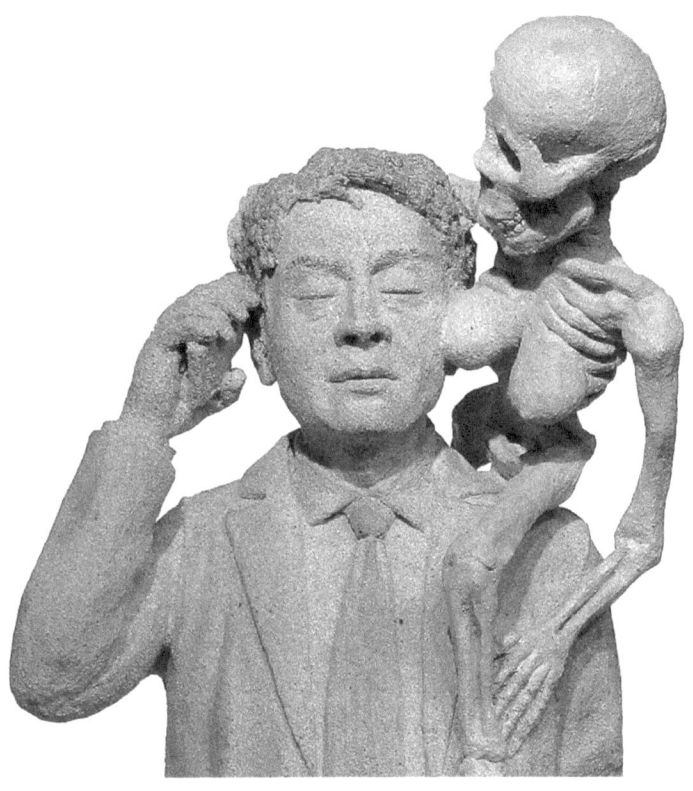

So wie viele von uns geht der viel beschäftigte Mann seinem Alltagstun nach. Mit dem Smartphone am Ohr organisiert und kommuniziert er, macht vielleicht Geschäfte oder trifft Verabredungen. Die allermeisten von uns leben auf Zukunft hin und richten ihre Pläne und Vor-Haben danach aus. Dieses aussagekräftige Wort drückt deutlich aus, dass wir oft schon auf etwas wie auf einen Besitz zugreifen, das uns noch gar nicht gehört. Dies ist Bestandteil der Lebensgestaltung.

Doch »die Tödin« ist bereits ganz nah, die Künstlerin überwindet die dominierende männliche Identifikation des Todes. Die geschlossenen Augen sind vielleicht ein Hinweis auf ein Ausblenden, eine partielle Blindheit für die Allgegenwart des Sterbens. Die Gegenwart der Tödin richtet sich nicht nach der Wahrnehmung durch den Menschen, die Vergänglichkeit sitzt auf der Schulter, sie begleitet beständig.

Diese realistische Gegenwart des Vergehens beschränkt sich nicht auf den endgültigen Tod am Ende des Lebens. Unsere eigene Vergänglichkeit spiegelt sich in der Unwiederholbarkeit vieler Situationen wider und in der Erfahrung, dass es niemals ein Zurück gibt. Wir können die Uhr nicht zurückdrehen und das Leben geht immer in die eine Richtung, durch das alltägliche und das endgültige »Sterben« begrenzt.

Jeder Tag ist uns nur einmal gegeben und jeden Abend müssen wir einen Tag unseres Lebens loslassen. Jede Lebensphase ist endlich, Kindheit und Jugend vergehen, auch die Zeiten der Familiensorge und des Erwerbslebens. Wir altern und spüren im Laufe unserer Lebenszeit, dass wir Erfahrungen und Kräfte sammeln, aber auch Vitalität, Leistungsvermögen und Stabilität verlieren.

Unser Leben vergeht und in seiner vielfachen Verletzlichkeit wird uns das immer wieder vor Augen gehalten. Pläne scheitern und Träume zerplatzen. Beziehungen gehen in die Brüche und Hoffnungen bleiben unerfüllt. Gesundheit geht verloren und Lebensfreude verschwindet. Die Reihe vieler »Tode« im Alltag und auf dem Lebensweg kann jede und jeder für sich ergänzen.

Spätestens in der zweiten Lebenshälfte rückt der Gedanke an den eigenen Tod näher. Dieser kann immer wieder verdrängt und bagatellisiert werden. Die Zuwendung zum Leben kann sich nicht unentwegt von Todesahnung hindern lassen. Das wäre lebensfeindlich. Doch die Flucht vor der Tatsache unserer Vergänglichkeit kann nicht auf Dauer gelingen. Und irgendwann rückt sie uns vielleicht ganz nahe.

Oft sind es endgültige Einschnitte in unserer Umgebung, die uns unmittelbar bedrängen und zu schaffen machen. Der Verlust naher Menschen, die Hinfälligkeit und der Tod der Eltern, der plötzliche Tod im nahen Freundeskreis oder auch in der Familie. Oft genug rückt uns »die Tödin« näher, als wir es sehen wollen. Wir müssen vertraute und gut bekannte Menschen loslassen, erleben schmerzvolle Abschiede – mitten im Leben.

So liegt es nahe, dass die eigene Sterblichkeit sich immer wieder ins Bewusstsein drängt. Die einen erschrecken, wenn sie die Todesanzeigen gleichaltriger Menschen lesen, andere müssen akzeptieren, dass eine ärztliche Diagnose auch die Möglichkeit des eigenen Todes bedeuten kann. Wir sind vom Tod umfangen, manchmal mittelbar und gut auf Distanz zu halten. Doch es lässt sich nicht vermeiden, dass diese Wirklichkeit uns auch sehr nahegehen kann. Unser Einfluss und die gewohnte Machbarkeit kommen an ihre Grenzen. Wir können uns der Erfahrung nicht entziehen, dass unser Leben und das Leben um uns herum verwundbar und vergänglich sind. Und dieser Stachel hat die Kraft, uns in schwere Krisen zu stürzen.

Krisen sind unvermeidlich, ein Leben lang. Es gilt zu unterscheiden und nicht jeden Störfall und jede Unannehmlichkeit zur Krise zu stilisieren. Hindernisse und deren Überwindung lassen ein Leben reifen und kräftigen Menschen. So wächst in uns die Resilienz, die Widerstandsfähigkeit im Auf und Ab des Lebens.

Wir sind aber auch herausgefordert, grundlegende Tatsachen unseres Lebens nicht ständig zu ignorieren, sondern ihre Wirklichkeit an uns heranzulassen. Dies ist zuweilen ernüchternd. Es hilft uns aber auch, Krisen in unserem Leben nicht völlig unvorbereitet zu begegnen. Unserer Einstellung zum Leben und unseren Haltungen kann das sehr guttun.

Die »eine« Krise gibt es nicht

Es gibt Mitmenschen, die für alles eine Erklärung liefern, die immer einen Ratschlag parat haben. Für jedes Problem wird umgehend eine Lösung präsentiert. Zuweilen ist das hilfreich, es kann aber auch enorm auf die Nerven gehen.

Das Gefühl, dass formale Erklärungen für die individuelle Situation nur sehr begrenzt gelten, sperrt sich gegen Patentlösungen. Pauschale Ratschläge gehen an der konkreten Not oft genug vorbei. Allgemeine Strategien helfen meist nicht wirklich weiter. Gerade Menschen in Krisen machen diese Erfahrung. Das Empfinden, in seiner Situation allein zu sein und nicht verstanden zu werden, wird dann sogar größer, so gut auch manche Hilfestellung gemeint sein mag.

Warum ist das so? Wenn ich Situationen reflektiere, denen ich in zwanzigjähriger Tätigkeit als Klinikseelsorger begegnete, wird schnell bewusst, dass Krise immer ein singuläres Ereignis ist. Das Schicksal eines Individuums passt in kein System. Versucht man dies zu vermitteln, entsteht schnell Distanz zur betroffenen Person.

Gewiss, Krisen ähneln sich in vielen Fällen. Der Weg angesichts einer problematischen Diagnose hat unverkennbare Merkmale. Da sind die tiefen Existenzängste, die Zukunftssorgen und der erschütternde Austausch mit vertrauten Menschen. Wir begegnen den vielen Herausforderungen einer möglichen Therapie und dem Auf und Ab in ihrem Verlauf. Das trägt in vielen Fällen vergleichbare Züge. Aber keine Schematisierung ist situationsgerecht. Die Wege ähneln sich möglicherweise, doch sie sind nie gleich.

Jeder Mensch geht mit einer eigenen Gefühlswelt in solche Situationen. Je nach Alter, psychischer Grundstruktur, sozialem Umfeld, individueller Lebensgeschichte u.a. kommt es zu einer einzigartigen Erfahrung. Diese ist in ihrer Einmaligkeit zu akzeptieren. Sie darf nicht auf eigene Muster und Erfahrungswerte hin eingeengt werden. In der Begegnung mit betroffenen Menschen sind daher Sensibilität und große Offenheit für die individuelle Situation höchst wichtig. Auch professionelle Helfer sind gut beraten, den persönlichen Weg zu begleiten und Systematisierungen hintanzustellen.

Menschen in einer Krise sind dankbar, wenn sie anderen mit ähnlichen Erfahrungen begegnen. Daher sind Selbsthilfegruppen und der Austausch mit Betroffenen hilfreich und wichtig. Man fühlt sich nicht so alleingelassen, begegnet einem gereiften Verständnis. Dies eröffnet für den eigenen Weg hilfreiche Perspektiven.

Wenn jedoch versucht wird, eine generalisierende Erfahrung aufzudrängen, eine bestimmte Trauerfrist zu definieren oder ein allgemeingültiges Rezept aus einer bedrängenden Phase zu erstellen, kann dies alles auch zum Gegenteil führen. Dann ziehen sich betroffene Menschen zurück und fühlen sich nicht ernst genommen. Es kann sogar dazu kommen, dass eine aufkommende Aggression die Not verstärkt.

Krisen sind immer eine einmalige Situation und werden von einem Individuum auf seine ganz persönliche Weise erlebt. Daher gibt es die »eine« Krise nicht. Krisen eignen sich nicht für Allgemeinplätze.

Manche werden von einer Krise im Augenblick heimgesucht, andere haben schon lange Vorzeichen einer aufkommenden Problematik verspürt. Menschen werden von einer Krise wie von einem Tsunami erfasst und verspüren lähmende Ohnmacht, andere erkennen relativ schnell, dass die Ereignisse vermeidbar gewesen wären und jetzt schnell zu handeln ist. Krisen lösen für die einen Hilflosigkeit und traumatische Erstarrung aus, andere bringen sofort Lösungsstrategien und gezielte Reaktionen in Gang.

Viele Betroffene sind glücklicherweise in einem kritischen Lebensprozess gut begleitet, menschlich geborgen und finden darin Halt. Doch da sind auch viele, die ganz auf sich gestellt sind. Sie ziehen sich auf sich selbst zurück und fühlen sich völlig verlassen. Krisen können einen großen Scherbenhaufen im eigenen Leben anrichten und völlige Ratlosigkeit auslösen. Sie können aber auch deutliches Signal sein, dass jetzt eine wichtige Veränderung ansteht.

Was durch Krisen in welcher Weise ausgelöst wird, ist ebenfalls in großer Bandbreite zu sehen. Ich erlebte Menschen, die mit schweren Krankheiten überaus gelassen umgehen konnten, auf die schwierige Kommunikation in der Familie aber mit großer Bestürzung reagierten. Manche reagieren auf berufliche Belastungen mit stoischer Ruhe, andere mit Panik und gesundheitlichen Beschwerden. Angehörige erleben den Schmerz des Abschieds von einem lieben Menschen gepaart mit großer Dankbarkeit für gemeinsame Wege. Doch es gibt auch die Beispiele, wo der Verlust als völlig sinnlos empfunden wird und nur noch Dunkel herrscht.

So allgemein gültig es ist, dass jedes Leben in Krisen gerät, so sehr unterscheiden sie sich doch immer wieder. Auslöser und Verlauf von Krisen entziehen sich pauschalen Einteilungen und Wertungen von außen. Das soll uns davor bewahren, unsensibel und mit »Krisenmanagement« zu handeln. Zugleich dürfen wir aber Grunderfahrungen bewusst machen, um Verständnis zu entwickeln und Klärungen zu ermöglichen.

Die »großen« und die »kleinen« Krisen

Die komplexen Zusammenhänge in unserer Welt sind unübersehbar. Globale und punktuelle Ereignisse sind nicht voneinander zu trennen. Die zahllosen Querverbindungen und gegenseitigen Einflüsse sind uns oftmals gar nicht bewusst. Wir leben in einer vernetzten Welt.

Die Not einer alleinerziehenden Person, Wohnung und Heizung kaum mehr bezahlen zu können, hängt mit weltpolitischen Ereignissen und den persönlichen Lebensumständen zusammen. Die gehäuften Hauterkrankungen vieler Menschen sind nicht losgelöst von der aggressiveren UV-Strahlung im Kontext der Klimakrise zu sehen. Die himmelschreiende Ungerechtigkeit und die unglaubliche Kluft zwischen Arm und Reich bedingen weltweit unsägliche persönliche Schicksale. Wir begegnen ihnen oft unerkannt in Produkten unseres Alltags.

Dabei sind es immer konkrete einzelne Menschen, die mit den Krisen konfrontiert werden. Die einsame alte Dame, die in Pandemiezeiten die so nötige mitmenschliche Nähe nicht mehr erfährt und in eine tiefe Depression rutscht. Das Kind, das die umhergehende Kriegsangst wahrnimmt und plötzlich mitten in der Nacht aufwacht und Angstträume hat. Die Landwirtsfamilie, deren Existenzgrundlage durch Trockenheit und Verwerfungen auf dem Weltmarkt bedroht ist und die verzweifelt bis in die Nacht hinein berät, welchen Ausweg es geben kann.

Daher ist es nicht hilfreich, Krisen nach Größenordnungen zu sortieren und ihnen unterschiedliche Gewichtigkeit zuzugestehen. Dieser objektivierende Blick mag vernünftig wirken, doch er wird dem persönlichen Erleben nicht gerecht. Für die junge Familie, deren Kind unheilbar erkrankt, geht genauso eine Welt unter wie für die Tausende, die durch ein Erdbeben ihre Heimat verlieren. Das Paar, dem ein abgrundtiefes Zerwürfnis widerfährt, steht nicht minder vor einem Abgrund als der Staatschef, der einer Kriegssituation begegnen muss.

Natürlich sind Zahlen von Betroffenen und Auswirkungen auf Umwelt und Anzahl der Menschen sehr unterschiedlich. Ohne Zweifel wirkt sich die Entscheidung der Vorstände eines Konzerns angesichts einer wirtschaftlichen Krise auf viel mehr Menschen aus als der Arbeitsplatzverlust des Vaters oder der Mutter in einer Familie. Doch die Erschütterung und die Angst, die Ratlosigkeit und die händeringende Suche nach Auswegen sind deswegen keineswegs geringer, harmloser oder unbedeutender.

Sicher, Krisen bedürfen einer nüchternen Betrachtung und fachkundigen Beratung. Ihre Ursachen sind zu analysieren und die Auswirkungen differenziert zu betrachten. Lösungswege müssen diskutiert und konkrete Schritte vereinbart werden. Dies ist bei einem Treffen der Spitzenpolitiker und beim Krisengespräch in einem Krankenzimmer so. Dies ist eine wichtige Seite des Umgangs mit Krisen.

Doch darüber darf nicht übersehen werden, was die Krisen mit Menschen machen, welche emotionalen Lasten sich auf die Seelen legen. Die Zahl der Kriegstoten ist schrecklich und krisenhaft genug. Doch sie bleibt kalte Statistik, wenn uns nicht bewusst wird, dass da eine Mutter ist, die ihren Sohn beweint, dass eine Familienmutter die schreckliche Nachricht vom Tod ihres Mannes erhält.

Die großen Namen von Krisen wie Krieg, Klima, Gerechtigkeit, Rohstoffe, Pandemie usw. fassen zusammen und benennen große Herausforderungen. Doch ihre ganze Härte zeigt sich erst in den Gesichtern und Gefühlen der Betroffenen. Beschreibungen und Überblicke sind das eine, doch die Tränen und Verzweiflungsschreie, die schlaflosen Nächte und die zermürbenden Sorgen zeigen erst die ganze Härte, mit denen diese Krisen konkret zuschlagen.

Daher ist es fragwürdig, eine Prioritätenliste der Krisengeschehen zu erstellen und zu vergleichen. Es darf nicht sein, dass die Angst eines Kindes angesichts eines Zerwürfnisses seiner Eltern mit der Angst von Kriegsopfern in Bezug gesetzt wird. »Schlimmer« oder »nicht so schlimm« wird sehr schnell eine Aussage von oben herab und kann Betroffene tief verletzen.

Es sind ja oft die Menschen selbst, die ihre Schicksale relativieren und sehr wohl wahrnehmen, dass andere noch ganz andere Erschütterungen erleben. Dann ist dies ein wichtiger Prozess in der Auseinandersetzung mit der eigenen Situation. Doch das berechtigt Außenstehende nicht, die Gefühle einzelner Menschen zu bewerten und zu relativieren.

Krisen gehören zum Leben, das haben wir von verschiedenen Seiten aus betrachtet. Als Menschen auf diesem Planeten haben wir teil an Krisen der Menschheit und der Völker und wir werden mit Verwerfungen in der ureigenen Lebensgeschichte konfrontiert. Beides ist gewichtig und herausfordernd. Es ist angebracht, beides im Auge zu behalten und in der einzelnen Situation ernst zu nehmen.

Ganz persönlich: Wenn alles anders kommt (Josef Epp)

Ich darf von mir sagen, dass mein Heranwachsen und mein Weg ins Leben unter einem guten Stern standen. Nicht in Luxus lebend, aber geborgen im Elternhaus, in einem stabilen Umfeld groß geworden. Den Anforderungen von Schule und Bildung gewachsen, in der Lage, die Erwartungen der Eltern zu erfüllen, die nach den Erfahrungen des Zweiten Weltkriegs für ihre Kinder eine »bessere Zukunft« wollten.

Im Studium leistungsfähig und erfolgreich, beruflich schnell etabliert. Sehr jung wurde ich in eine verantwortliche Position in der Ausbildung von Lehrer:innen berufen, gute Voraussetzungen für eine Karriere. Ausgestattet mit dem nötigen (vielleicht auch übersteigerten) Selbstbewusstsein, konnte ich Aufgaben schnell erledigen, ging ich zügig voran, entwickelte ich einen effektiven Arbeitsstil. Ich erhielt positive Resonanz, war motiviert und fühlte mich stark genug für aufkommende Herausforderungen.

Auch privat »stimmte« alles. Ich fand meine Wunschpartnerin noch im Studium, wir heirateten und führten ein glückliches Leben. Wir waren wirtschaftlich gesichert, sozial in vielen Verbindungen und gingen miteinander auf einem erfüllten und spannenden Weg. Und die Botschaft vom Nachwuchs, der sich ankündigte, vermehrte das Glück und die Lebensfreude.

Am Abend des Mittwochs, an dem Johanna, unser erstes Kind, geboren wurde, nahm ich es nicht besonders schwer, dass das Geburtsgewicht als etwas zu gering eingeschätzt und zur Sicherheit eine Verlegung in die Kinderklinik veranlasst wurde. Das sollte sich ändern.

Einige Tage später: Unsere Tochter musste wegen eines auffälligen Herzgeräuschs in eine Universitätsklinik, eine Infektion erschwerte ihre Atmung, unproportionaler Körperbau wurde registriert. Immer mehr ärztliche Auskünfte machten uns klar: Unsere Tochter war nicht so wie andere Kinder. Plötzlich legten sich Sorgen und Ängste über das Lebensglück.

Wochenlang kämpfte Johanna mit Startschwierigkeiten ihres Lebens in der Klinik; als sie nach Hause kam, war sie kaum in der Lage, die Nahrung selbstständig aufzunehmen. Eine monatelange Gratwanderung stand vor uns, nervenaufreibend und oft zermürbend, von vielen Ängsten begleitet.

Die Ärzte suchten einen Namen für die Symptomatik, fanden aber kein passendes Schema. Die Entwicklung verlief verzögert und immer klarer wurde von einer Behinderung gesprochen, ohne diese definieren zu können. Ich war es gewohnt, dass immer alles gelang, dass ich mein Leben im Griff hatte – und nun ist da das lang ersehnte Kind, das schwach und langsam ist, das mit rätselhaften Problemen kämpft und mich mit all meinen Strategien ins Leere laufen lässt.

Johanna entwickelte sich zum Sorgenkind. Viele Phasen der Unsicherheit, der Ursachenforschung, Klinikaufenthalte und akute Krankheitssituationen. Zugleich erlebten wir ein emotional waches Mädchen voll Lebensfreude und innerster Zuwendung. Ihr herzliches Lachen – welch ein Glück. Ihr tiefes Vertrauen – welch ein Geschenk. Und dann wieder die Angst, der Vergleich mit Gleichaltrigen, das bange Gefühl bei Arztbesuchen.

Gut zwei Jahre später – nach ausgiebiger genetischer Beratung – bekamen wir eine weitere Tochter, gesund und vital. Und auch unser Sohn entwickelte sich prächtig. Dass beim Kaiserschnitt unseres zweiten Kindes eine lange kreislaufkritische Situation bei meiner Frau eintrat, nahmen wir nicht tragisch. Es war bald vergessen. Auch die Wiederholung problematischer Symptome während der dritten Schwangerschaft alarmierte uns nicht. Weil meine Frau aber auch Monate nach der Entbindung immer noch erschöpft und leistungsschwach war, entschloss sie sich zum Gesundheitscheck.

Dessen Resultat war ein Schock: eine schwere Erkrankung des Herzmuskels. Schon nach wenigen Tagen zeichnete sich ab, dass nur eine Herztransplantation eine Hilfe sein könnte. Von heute auf morgen war nichts mehr wie zuvor: Familienhelferinnen sorgten tagsüber für die Kinder, meine Frau wurde von Klinik zu Klinik geschickt, ich hatte das beruflich unbedingt Nötige mit der Organisation der Familie zu kombinieren – Stress für alle Beteiligten.

Radikale Veränderungen standen an. Meine Frau brauchte Ruhe und konnte nur sehr zurückgezogen mit der Familie leben, immer wieder unterbrochen von Klinikaufenthalten. Die Kinder mussten sich mit neuen Bezugspersonen zurechtfinden, vor allem für meine Tochter mit Handicap eine Herausforderung.

Ein Jahr nach der Diagnose kam der Anruf vom Deutschen Herzzentrum Berlin: Ein Spenderorgan ist da. Abendlicher Flug nach Berlin, Aktivierung der Großmütter für die Kinder, eine 14-stündige Operation mit kompliziertem Verlauf, doch dann die erste Begegnung auf der Intensivstation und eine relativ zügige Genesung. Emotionale Achterbahnen und zugleich die Notwendigkeit zu »funktionieren«.

Doch die Freude währte nicht lange. Starke Abstoßungsreaktionen, bei einer jungen Frau mit drei Kindern aufgrund der Immunsituation nicht verwunderlich, sorgten für ständig neue Rückschläge. Immer wieder Wechsel zwischen einer Rehaklinik am Wannsee und dem Herzzentrum. Drei Monate nach der Transplantation verschärften sich die Probleme. Während einer dienstlichen Verpflichtung in Oberbayern erhielt ich die Nachricht, dringend mit dem Herzzentrum Kontakt aufzunehmen. Der verantwortliche Arzt sprach von großer Sorge, ich solle kommen. Wenige Stunden später saß ich im Flieger nach Berlin, schnell ins Klinikum – 45 Minuten zu spät. Meine Frau war verstorben. Lange saß ich in dem Raum der Intensivstation, konnte es nicht fassen und musste doch Abschied nehmen.

Für unsere Familie stand eine Zeit großer Trauer, aber auch tief greifender Umbrüche an. Die Versorgung der Familie war neu zu organisieren, für alle Belange der Kinder war ich nun in vorderster Verantwortung, ob Arztbesuche oder Einschulung, Freizeitgestaltung und Alltagsbewältigung. Vom Kuscheln und Schaffen einer vertrauten Atmosphäre ganz zu schweigen. Gott sei Dank gab es kostbare Menschen, die im Rahmen ihrer Möglichkeiten halfen und zur Seite standen.

Insbesondere der ohnehin schon intensive Bezug zu meiner ältesten Tochter verstärkte sich. Ob erster Schultag in der Förderschule oder stationärer Aufenthalt wegen einer Lungenentzündung, ob Vertretung ihrer Rechte gegenüber Behörden oder Begleitung zu vielen Anlässen – ich war meist dabei. Hätte mich nicht unsere geniale Kinderfrau – die drei Nachmittage pro Woche in die Familie kam – großartig unterstützt, ich hätte es nicht geschafft.

Doch wir sind unseren Weg gegangen und wir wurden eine verschworene Gemeinschaft, vertraut und in allem füreinander da. Die gesundheitlichen Probleme meiner Tochter wurden schwerwiegender: Eine Epilepsie trat auf und machte ihr zu schaffen, die Lunge erwies sich als großer Schwachpunkt und nach einer Lungenblutung kämpfte sie tagelang ums Überleben. Eine rätselhafte Störung der Blutbildung kostete sie enorme Kräfte und sie benötigte regelmäßig Transfusionen. Die geförderte Mitarbeit in einem Kindergarten war da ihre große Freude und Kraftquelle.

Nach einem schweren nächtlichen Anfall hatte meine Tochter einen Atemstillstand. Der Notarzt hatte große Mühe, sie zu reanimieren. Bei der Ankunft in der Klinik war klar: Der Zustand ist höchst bedrohlich, die Schnellwerte des Labors gaben keinen Grund zur Hoffnung. Als sie beatmet auf die Intensivstation kam und ich mich an ihr Bett setzen konnte, war klar: Wir warten auf ihren Tod. Nach fünf Stunden setzte der Herzschlag aus, mein geliebtes Sorgenkind war verstorben.

Innerhalb weniger Stunden waren meine Kinder von ihren Studienorten angereist und gemeinsam mit meiner Lebenspartnerin nahmen wir Abschied. Meine Tochter war 26 Jahre alt geworden.

In ruhigen Stunden frage ich mich, wie ich das alles durchgestanden und bewältigt habe. Wie es möglich ist, dass ich heute zwar ein trauernder, von bitteren Erfahrungen geprägter Mensch bin, aber keineswegs ohne Lebensfreude, Humor und Engagement. Umfassend kann ich das nicht beantworten.

Klar ist: In mancher Phase gingen die Ereignisse über meine Kräfte und manches bedauere ich heute. Ich geriet emotional in Grenzbereiche, blieb Menschen in meiner Umgebung – insbesondere meinen Kindern und meiner Partnerin – einiges schuldig. Ich habe Fehler gemacht, Dinge versäumt, andere vor den Kopf gestoßen. Ich habe Behördenleiter beschimpft, medizinisches Personal der Unfähigkeit bezichtigt und grenzwertige Schreiben an Ämter gerichtet.

Aber ich bin öfter als einmal auch aufgestanden, als ich am Boden war. Ich kam wichtigen Verpflichtungen nach, habe meinen Beruf verantwortungsvoll ausgeführt und stets versucht, meiner Familie das zu geben, was nötig ist. Was half mir dabei?

Vor allem waren es Menschen. Ich machte die Erfahrung, dass sich Freundeskreise in Krisen neu sortieren und man genau spürt, auf wen man bauen kann. Dass solch einfühlsame Menschen da sind, Hilfe anbieten, zum Austausch bereit sind und anpacken, wenn es allein nicht mehr geht, das ist eine ganz besondere Hilfe. Ich empfinde heute für manche Begleiter:innen eine tiefe Dankbarkeit.

Eine besondere Ressource erwuchs aus dem Reifen einer neuen Partnerschaft, behutsam und durch manche Belastungssituationen hindurch. Ein Gegenüber zu erfahren, mit dem man sich austauschen kann, das aber auch das Bedürfnis nach Nähe und Zärtlichkeit sensibel beantwortet – wie oft gab dies neue Zuversicht und stärkende Lebensfreude.

Dann durchlief ich auch wichtige Lernprozesse, die ich nicht missen möchte. Mein Selbstbild vom strebsamen, erfolgsorientierten und leistungsbewussten Mann durchlief eine tiefe Krise und ich musste meine Verletzlichkeit, meine Begrenzung und meine Schwächen akzeptieren. Der Lernprozess mit einem Kind, das langsam und hilfsbedürftig, ängstlich und unsicher war, wurde für mich zu einem hochbedeutsamen Geschehen. Die wirklichkeitsnähere Sicht meiner selbst eröffnete mir manch anderen Umgang mit schwierigen Situationen.

Dies verstärkte sich in den langen Stunden bei meiner Frau nach der Herztransplantation. Die Verletzlichkeit des Lebens war unmittelbar und real geworden, so viele nach außen gerichtete Dinge verloren an Bedeutung. Und wir wichen dem Ernst der Situation in unseren Begegnungen nicht aus. Wir lachten und tauschten Banalitäten aus, wir sprachen aber auch über die Risiken der Zeit und die realistische

Möglichkeit des Todes. Diesen Kraftakt, auch das auszutauschen, was das Herz schwer macht, erlebte ich in der Zeit der Trauer als überaus hilfreiche Ressource. Wir waren uns nicht ausgewichen und dadurch über den Tod hinaus verbunden.

Zu den Lernerfahrungen in den Verlustsituationen gehörte es auch, dass ich mich sowohl intuitiv wie auch bewusst neben der Trauer dem zuwandte, was auf der Lebensseite wichtig war. Als ich nach dem Tod meiner Frau aus Berlin heimkam, erwarteten mich drei lebensfrohe Kinder an der Haustüre. In dem Augenblick wusste ich, dass dies nun meine vorrangige Aufgabe ist. Das enge Zusammensein an diesem Tag, das Kuscheln und die Nähe dieses Abends bleiben mir unvergessen.

Am Tag des Todes meiner Tochter blieben meine beiden Kinder trotz Prüfungszeit an der Uni für eine Nacht da. Gemeinsam haben wir gekocht, die Trauerfeier besprochen, Organisatorisches beraten, die demente Großmutter im Pflegeheim betreut. Vertraute Gespräche, gemeinsame Unternehmungen und intensiver Kontakt haben uns über Wochen zu einer kraftspendenden Gemeinschaft geschmiedet. Wir gingen die je eigenen Wege und waren doch füreinander da und konnten Trauer und Schmerz zulassen und teilen. In der gegenseitigen Zuwendung war die Trauer von einer vielfältigen Lebendigkeit durchzogen. Das stärkt und führt weiter.

Aus diesen wichtigen Erfahrungen erwuchs die Bereitschaft, nicht nur zurückzublicken und den Schmerz zuzulassen, sondern immer wieder im Augenblick zu leben und dem eigenen Leben Gutes zukommen zu lassen. Saunagänge, die in der Zeit der hohen Belastung durch die familiäre Situation kaum möglich waren, begann ich regelmäßig zu genießen. Und anschließend die herrlichen Speisen beim

Italiener erst recht. Ein heilsames Ritual. Weil die Verpflichtungen nicht mehr so relevant waren, habe ich meine Uhr abgelegt (und seitdem nicht mehr angezogen) und Zeiten einfach frei werden lassen. Festgelegte Tagesrhythmen konnte ich abändern und stärker auf meine Bedürfnisse ausrichten. Das hat gutgetan.

Vier einschneidende Krisen: das kranke Kind, die schwerste Erkrankung der Ehefrau, ihr Tod und der Tod der Tochter. Ich fühle mich nicht vom Leben bevorzugt. Ich werde die dunklen Stunden nie mehr vergessen. Unbeantwortete Fragen an Gott und meine Lebensgeschichte sind nicht verschwunden. Und trotzdem fühle ich mich reich beschenkt. Ich trage Erfahrungsschätze mit mir, die ich nicht missen möchte, so seltsam das klingen mag.

Die Spiritualität hat sich gewandelt und immer wieder war da die Erfahrung einer geheimnisvollen Nähe und tröstenden Kraft, gerade an Tiefpunkten, wo es nicht mehr weiterzugehen schien. Leise und behutsam durfte ich eine Gegenwart spüren, die ich mit dem verbinde, was wir so schnell Gott nennen. Mein Sprechen von Gott ist vorsichtiger und sensibler geworden, vielleicht auch ehrfürchtiger.

Es trifft nicht zu, dass die Zeit alle Wunden heilt. Der Schmerz kommt und geht und er ist nicht berechenbar. Meine Gefühle und meine innere Grundstimmung haben sich gewandelt, doch das Leid der Verluste nicht weggewischt. Die Zeit eröffnet neue Möglichkeiten, mit den Wunden zu leben und umzugehen. Gerade bittere Erfahrungen können zu wichtigen Erkenntnissen und veränderten Sichtweisen führen. Im Mosaik der eigenen Lebensgeschichte wurden sie für mich Bestandteile mit großer Intensität. Es ist viel Dunkel, das mir auf dem Weg begegnet ist. Aber ich bin dankbar für das Licht, das nicht unterzukriegen war.

Krisen-Gebiete

Krisen sind nicht in Excel-Dateien zu katalogisieren und durchnummeriert in griffige Ordner unterzubringen. Schubladen taugen nicht. Zu erschütternd kann das Krisenereignis sein, zu überwältigend der Sturz in tiefe Not. Zu persönlich ist das einsame Erleben von Dunkel und Schmerz. Krisen kennen die Verzweiflung des Augenblicks, in dem sich Abgründe auftun und keinerlei Trost denkbar scheint. Auch wenn dies vielleicht schon in kurzer Zeit wieder anders aussieht, hat der Augenblick enormes Gewicht.

Krisen sind als Ereignis einer Lebensgeschichte nicht anonym und formal. Sie haben ein Gesicht, einen Auslöser, eine ganz konkrete Gestalt. Auf der »Landkarte« unseres Lebens nehmen sie konkrete Räume ein, manchmal breiten sie sich großflächig aus, manchmal kennzeichnen sie einen klar umgrenzten Bereich.

Auf der Suche nach Wegen, die uns weiterführen und möglicherweise Krisen überwinden lassen, kann es hilfreich sein, die biografischen Landschaften bewusst zu betrachten und den Blick auf verschiedene Krisengebiete zu werfen. Diese »Verortung« kann die eigene Erfahrung begreifbarer machen und die Suche nach einem Weg inspirieren.

So wird uns vielleicht klar, dass der Ausgangspunkt einer Krise ein gesundheitliches Problem war, ihre eigentliche Schwere sich aber im Bereich der Beziehung abgespielt hat. Oder wir entdecken, dass unser vertrautes Umfeld in wachsendem Maße von Konflikten beeinträchtigt wird, und langsam wird uns bewusst, dass wir dabei vor allem Spannungen aus dem beruflichen Lebensfeld in die private Situation hineintragen.

Der Blick auf die persönlichen Krisengebiete lässt uns Ursprungssituationen und Ausbreitungsgebiete von Krisen deutlicher bewusst werden. Allein dies kann schon zum wichtigen Bewältigungsschritt werden.

Vertrautes gerät in Gefahr

Kinder reagieren auf einen Umzug der Familie manchmal mit einem Leistungseinbruch in der Schule und mit Verhaltensauffälligkeiten. Betriebliche Umstrukturierungen können die Motivation und das Wohlbefinden langjähriger Mitarbeiter:innen erheblich stören. Alte Menschen finden sich in einem neuen Umfeld nur schwer zurecht und trauern vielleicht der früheren Umgebung nach.

Dies sind alltägliche Beispiele dafür, dass Veränderungen durchaus Auslöser krisenhafter Zeiten sein können. Wir gewöhnen uns an Räume und Umgebungen, Abläufe und zwischenmenschliche Bezüge und oft ist uns gar nicht bewusst, wie sehr diese Gewohnheiten zur Lebensqualität gehören. Sie bieten ein stabiles Alltagsgerüst, sind wie ein Geländer, an dem wir uns immer wieder festhalten können.

Doch wenn sich die Situation ändert, wir an einen anderen Ort ziehen, mit ganz neuen Kolleg:innen zu tun haben oder unseren Lebensrhythmus grundlegend ändern müssen, empfinden wir oft Unbehagen und sehnen uns nach den »alten Zeiten« zurück. Die Rede ist dann von Anpassungsschwierigkeiten. Wenn vertraute Sicherheiten nicht mehr da sind, kann Irritation eintreten, möglicherweise auch Angst. Ein häufiger Wunsch: Ach, wenn es doch wieder wie früher wäre.

Gewohnheiten schaffen Sicherheit und Sicherheiten vermitteln ein Grundvertrauen in die Bewältigung des Alltags. Was uns vertraut ist, reduziert die Anspannung und erspart

Anstrengungen. Wenn sich ein wichtiger Baustein verändert oder gar wegfällt, spüren wir Verunsicherung und Unbehagen. Aufmerksamkeit und Handlungsbereitschaft müssen erhöht werden, weil sich eine ungewohnte Situation auftut. Erhöhte Anstrengung zehrt an unseren Kräften. Eine melancholische Stimmung kann aufkommen, die den früheren Zustand dann durchaus auch glorifiziert.

Wenn dann veränderungsbedingt noch eine schwerwiegende Problematik auftaucht, kann dies schwer zu schaffen machen. Plötzlich sind da »schwierige« Personen in meinem Umfeld. In der neuen Abteilung herrscht ein frostiges Klima. Ein heranwachsendes Kind knüpft Kontakt zu Freund:innen, die wir als unangenehm empfinden. Die neue Situation wird kritisch bewertet und was so wichtig und vertraut war, besteht in dieser Weise nicht mehr. Dies empfinden wir nicht nur als Herausforderung, sondern auch als Gefährdung positiver Gefühle. Die Stimmung droht zu kippen.

Veränderungen gehören zum Leben und bergen Chancen. Neue Lernprozesse und Wege tun sich auf. Davon geht ein Reiz aus und unser Leben erweist sich als dynamisch. Aber es gehen auch Türen zu. Abschiede werden fällig und sichere Gefilde werden zurückgelassen. Neue Gegebenheiten fordern unsere Auseinandersetzung und vertrauensbildende Annäherung. Uns werden Aufbrüche und Abschiede abverlangt, die Teile unseres Lebens zu Grenzgebieten und damit vorübergehend auch zu Krisengebieten machen können.

Die Lebenskraft wird bedroht
Mit Leib und Seele sind wir verletzlich und verwundbar. Das erfahren wir alle. Die einen weniger dramatisch als die

anderen. Eine Erkältung schränkt ein, geht aber relativ schnell vorbei. Eine Sportverletzung kann schmerzhaft sein, ist aber meist gut behandelbar. Eine schlechte Laune kann sich von einem Augenblick auf den anderen wandeln.

Doch wir spüren auch die Verletzlichkeit, die nicht nur unser aktuelles Befinden stört und einschränkt, sondern die wir als wirkliche Bedrohung wahrnehmen. Wie schwere Steine liegen dann Lasten auf unserem Herzen. Die Vitalität, die uns das Leben meistern lässt und die wir oft so selbstverständlich nehmen, gerät in Gefahr. Die innere Stabilität, die uns geradlinig und zuversichtlich durch den Alltag gehen lässt, beginnt zu wanken.

Dies kann plötzlich auftreten oder sich nach und nach entwickeln. Eine schwerwiegende Diagnose, die ein ernsthaftes Gefahrenpotenzial für das Überleben beinhaltet, löst existenzielle Ängste aus. Eine chronische Erkrankung, die nicht mehr heilbar ist und die Lebensumstände tief greifend verändert, kann als Angriff auf die bisherigen Lebensfundamente verstanden werden. Alterungsprozesse, die spürbar die Selbstständigkeit, die sinnliche Wahrnehmung und das Leistungsvermögen beeinträchtigen, sind oft schwer zu akzeptieren. Eine schleichende und doch beständig wachsende Entfremdung zu vertrauten Menschen entzieht uns eine Einbindung in lange Zeit tragende Gemeinschaft.

In solchen Umbrüchen und angesichts solcher Bedrohungen reagieren wir mit Körper, Geist und Seele. Wir beachten auf einmal viele körperliche Vorgänge, werden schmerzempfindlicher und sensibler. Es treten Unverträglichkeiten auf, die wir früher nicht kannten. Wir stellen erschreckt fest, dass wir bestimmte Aufgaben nicht mehr wie gewohnt bewältigen. Wir nehmen wahr, dass wir langsamer werden und öfters Pausen brauchen. Kreislauf und Stoffwechsel verändern sich. Manchmal empfindet man solche

Entwicklungen wie einen Dominoeffekt, in dem ein Problem zum anderen kommt.

Zugleich verändern sich die Gedanken nachhaltig. Wie soll das alles werden? Was kommt auf mich zu? Welche Chancen habe ich? Wie komme ich mit der Therapie zurecht? Wie wirkt sich all das auf meine engste Umgebung aus? Auf wen kann ich jetzt bauen? Fragen über Fragen tauchen auf und sorgen oft genug auch für schlaflose Nächte. Antworten darauf bleiben oft aus und liegen im Dunkeln. Man befasst sich mit Gedanken, die vor Kurzem noch weit entfernt waren und gar nicht aufkamen.

Dies alles hinterlässt Spuren in unserer Seele. Wo Selbstbewusstsein war, wachsen nun große innere Zweifel. Wo Gelassenheit und Zuversicht dominierten, keimen nun Anspannung und Ängstlichkeit. Wo Heiterkeit ihren Platz hatte, nehmen nun Grübeln und Traurigkeit großen Raum ein. Die Grundhaltung der Befürchtung kann sich ausbreiten. Der Ein-bruch bedrohlicher Wirklichkeiten wird als Umbruch im Lebensgefühl erlebt.

So ereignet sich in uns ein großer Kräfteverschleiß. Die gewohnte Vitalität ist nicht mehr selbstverständlich. Der rundlaufende Motor unseres Lebens beginnt zu stottern und droht abzusterben. Die Einschränkungen in körperlicher Fitness, Konzentration, mentaler Stärke und Antriebskraft setzen uns möglicherweise schwer zu. Wenn es nicht um singuläre Beschwerden geht, sondern die tief greifende Lebenskraft in Gefahr gerät, stehen wir in einem krisenhaften Prozess.

Zerwürfnis und Isolation

Spricht man mit Menschen, die kritische Zeiten hinter sich haben, so kann man von ihnen sehr häufig erfahren, dass die Nähe vertrauter Menschen in diesen Phasen eine große Hilfe war. Viele haben dazu konkrete Erfahrungen und können dies gut nachvollziehen.

Doch gerade das, was uns in Krisen oft eine kostbare Hilfe ist, kann auch das Gesicht von Krisenerfahrungen entscheidend prägen. Der Halt hilfreicher Beziehungen und mitmenschlicher Verbundenheit unterliegt auch dem Wandel und ist bedroht. Gerät unsere zwischenmenschliche Einbindung ins Wanken oder zerbricht sie, verlieren wir eines der tragenden Fundamente gelingenden Lebens.

Und so unfassbar es manchmal erscheint und wir uns oft fragen, wie es so weit kommen kann – Zerwürfnis und abgrundtiefe menschliche Vereinsamung sind leider vielfache Realität. Da lebt eine Familie in gutem Einvernehmen, teilt in wohltuender Gemeinsamkeit den Alltag und doch kommt da eine Unstimmigkeit auf, keimt ein Streit. Es kommt zu Missverständnissen, Misstrauen, Vertrauensbrüchen, Auseinandersetzungen. Und das, was einmal so selbstverständlich war, entwickelt sich immer mehr auseinander. Manchmal kommt es zu so tief greifenden Konflikten, dass es kein Miteinander mehr gibt und Kontakte abbrechen. Verletzungen hinterlassen Schmerz, Vorwürfe und Unversöhnlichkeit.

Da beginnt ein Paar einen gemeinsamen Weg, überzeugt von der gegenseitigen Liebe, getragen vom Gefühl tiefen Vertrauens und großer Geborgenheit. Und doch schleichen sich Unachtsamkeiten, Unehrlichkeit, mangelndes Verständnis und Missachtung gegenseitiger Gefühle ein. Dies kann zu abgestumpfter Routine und einem schweigenden Nebeneinander führen. Aber auch zu lautstarkem Streit, zu schweren Zerwürfnissen und zur Trennung. Wie viele Paare erleiden dieses Schicksal!

Wenn Partnerschaften zerbrechen, Familien sich zerstreiten, Freundschaften beendet werden, dann greift dies schmerzhaft in unsere Gefühlswelt ein. Etwas, worauf wir fest vertraut haben, was wir als kostbares Gut empfunden haben, hat sich als verwundbar erwiesen, vielleicht bis zur Zerstörung. In wichtigen Beziehungen öffnen wir uns, so wie wir sind. Wir zeigen Gefühle, schenken Vertrauen, erleben das Glück von Gemeinsamkeit. Viele Forschungsergebnisse der letzten Jahre belegen eindrucksvoll, wie grundlegend dies für die seelische und körperliche Gesundheit jedes Einzelnen ist.

Umso bedrohlicher ist es, wenn diese besondere, einzigartige und für uns so wichtige Lebenswirklichkeit ins Wanken gerät. Wir sind verletzt, ziehen uns zurück, entwickeln Misstrauen. Manchmal werden wir bitter und zynisch und sind nicht mehr bereit, mit anderen in ehrliche Verbindung zu treten.

So kommt zu diesem krisenhaften Leid hinzu, dass die Folge von Zerwürfnissen oft eine gewisse Isolation ist. Da ist niemand mehr, mit dem wir uns vertrauensvoll austauschen. Da ist die bohrende und verunsichernde Frage, wie es so weit kommen konnte. Da ist die Angst, in anderen Verbindungen wieder enttäuscht zu werden. In unserer tiefen Sehnsucht nach menschlicher Nähe fühlen wir uns einsam und verlassen – oft ist das kaum zu ertragen. Zwischenmenschliche Krisen »tun weh«, »schmerzen« und bedrohen daher unser Wohlbefinden, ja auch unsere Gesundheit.

Soziale Not
Es würde vielen leidvollen Erfahrungen nicht gerecht, Krisen ausschließlich auf einen inneren, persönlichen Prozess zu fokussieren. So individuell Krisen in der Wahrnehmung und im Verlauf sind, so können sie in vielen Fällen nicht unabhängig von gesellschaftlichen Entwicklungen gesehen

werden. Der Kontext sozialer Problematik muss aufmerksam betrachtet werden.

Da ist die alleinerziehende Mutter, bei der jede Ausgabe für das schulpflichtige Kind Kopfzerbrechen und Beklemmung auslöst. Da ist der Rentner, der verschämt Pfandflaschen aus Papierkörben sammelt. Da sind Eltern, die für den Unterhalt ihrer Familie an den Rand ihrer Kräfte gehen, mit mehreren Tätigkeiten versuchen, das Allernötigste zu finanzieren. Wenn dann noch Angst um den Arbeitsplatz aufkommt und Betriebe in Schieflage geraten, sind schlaflose Nächte naheliegend.

Soziale Not, immer auch gepaart mit der Frage nach Gerechtigkeit, lässt sich nicht auf einzelne Krisengebiete beschränken. Sie gefährdet die Gesundheit und löst seelische Belastungen aus. Sie stigmatisiert, verursacht Scham und Schuldgefühle und wird zum Konfliktpotenzial im Zusammenleben. Sie untergräbt die Lebensbejahung betroffener Menschen und bedroht elementare Lebensgrundlagen. Solche Nöte erschüttern und bedrohen den ganzen Menschen.

Soziale Krisenphänomene zeigen sich in der persönlichen Existenzangst, in sozialen Brennpunkten bestimmter Städte und Regionen, bei einzelnen Bevölkerungsgruppen. Sie zeigen sich aber auch global in der Verarmung ganzer Kontinente, im unsäglichen Elend in Slums und Kriegsgebieten, in Regionen des Hungers und der Vertreibung. In der globalisierten Welt sind sie von unseren Lebensumständen nicht loszulösen. Sie kommen mit vielen Lebensmitteln buchstäblich auf unseren Tisch, sie liegen mit zahlreichen Alltagsgegenständen buchstäblich in unserer Hand.

Wenn die Sicherung elementarer Bedürfnisse in Gefahr gerät, wachsen in Menschen Angst und Sorge. Wenn Wohnung, Kleidung und Nahrung nicht mehr gesichert sind, kommt eine Urangst auf. Die Sicherung des Daseins für sich selbst und anvertraute Menschen wird zum Problem, das Tag für Tag gegenwärtig ist. Scham vor den eigenen Kindern und der Verlust jeglichen Selbstwertgefühls gehen damit oft Hand in Hand. Nicht selten entwickelt sich eine verhängnisvolle Spirale »nach unten«, »Teufelskreise« können in Gang kommen.

Wenn die Armutsberichte der Deutschen Bundesregierung von einer Armutsquote von rund 15 % der Gesamtbevölkerung sprechen (bei aller wissenschaftlichen Problematik der Definition), wird deutlich, dass diese Krisen keine Einzelfälle sind, sondern breite gesellschaftliche Schichten betreffen.

Wenn zudem bedacht wird, dass ein Zusammenhang mit anderen Krisenphänomenen klar belegbar ist, verdeutlicht dies die Brisanz sozialer Probleme. Ärmere Menschen werden öfter krank, haben weniger Zugang zu hilfreichen Therapien und eine kürzere Lebenserwartung. Kinder aus wirtschaftlich prekären Verhältnissen haben immer noch geringere Bildungschancen, vermehrte Schulprobleme und eingeschränkte Zukunftsperspektiven. Gerade die Vielzahl von Folgeerscheinungen macht deutlich, wie komplex das Krisengebiet der sozialen Not in unserer gesellschaftlichen Wirklichkeit zu sehen ist.

Auch diese Zeilen schreibt jemand, der diese Nöte nicht aus eigener Erfahrung kennt, der »über« betroffene Menschen spricht. Gerade dies verschärft oft noch die Krisenerfahrung. Männer und Frauen, Kinder, Jugendliche und alte Menschen in wirklicher sozialer Not müssen häufig die Erfahrung machen, dass ihre Situation von Menschen eingeschätzt wird, deren Existenz gesichert ist. Bedürfnisse werden von »Sachbearbeitern« bewertet, deren monatliches Gehalt aus der öffentlichen Hand stets gewährleistet ist. Einschränkungen werden von wohlhabenden Mitarbeitern verschiedener Instanzen empfohlen, abschlägige Bescheide ebenso. Dies verursacht oft Verbitterung und eine tief sitzende Wut. Zu aller persönlichen Problematik kommt so ein brisanter Sprengstoff für die Realität einer Gesellschaft hinzu.

Die Seele im Dunkeln

»Kopf hoch – das wird schon wieder ...«, »Reiß dich zusammen ...« – wohlbekannte Aussprüche im Zusammenleben. Oft sind sie an Menschen gerichtet, die sich in einem Tief befinden und die man aus einer verdunkelten Stimmung wieder herausführen möchte. Gerade diese Appelle, so gut sie auch gemeint sein mögen, sind dann nicht selten ein Ärgernis, das die Situation noch verschärft.

Alle Krisengebiete unseres Lebens finden auch im Kopf statt. Unser Gehirn ist die Schaltstation unseres gesamten Erlebens. Bewusst und unbewusst, rational und emotional, urplötzlich und langwierig werden die Wahrnehmungen und Reize des gesamten Menschen aufgenommen, verarbeitet, vernetzt, gespeichert, verdrängt ... Jeder Sinnesreiz, jeder Schmerz, jede Begegnung, jede Erinnerung, alle Gedanken lösen eine Wirkung aus. Die 80 bis 100 Milliarden Nervenzellen unseres Gehirns mit Billionen von synaptischen Verbindungen formen komplexe und für uns nie ganz durchschaubare Reaktionen, die ihrerseits wieder Auswirkungen auf alle Dimensionen unserer Person haben.

Dabei entwickelt sich oftmals die Verdunkelung der Gefühle, die abgründige Trauer und der Verlust an Freude und Lebensmut zu einem der bedrohlichsten Krisengebiete. Unser Selbstempfinden, unsere bestimmende Gefühlslage, die Wahrnehmung der eigenen Lebenswirklichkeit können in eine düstere und freudlose Verfassung geraten. Das Leben wird nicht mehr als Gabe und positive Möglichkeit empfunden. Die Fähigkeit, Freude zu empfinden, scheint verloren gegangen zu sein. Die Seele wird von Dunkelheit umfangen, wir sprechen von der Depression.

Heute wird Depression als Volkskrankheit betrachtet und in den letzten Jahrzehnten hat uns die Wissenschaft wichtige und hilfreiche Einblicke in dieses Leid vieler Menschen eröffnet. In ihrer Symptomatik und den Ursachen ist die Depression ein Chamäleon und wird oft nicht oder sehr spät erkannt.

Als Störung des Stoffwechsels im Gehirn lässt sich die Depression auf rationale und biochemische Weise erklären. Der Blick auf mögliche Ursachen macht aber deutlich, dass die Betrachtungsweise sehr ganzheitlich und umfassend erfolgen muss. Hinter einem nüchternen und sachlichen Befund verbergen sich höchst unterschiedliche und differenzierte Hintergründe. Von genetischen Dispositionen bis zu hormonellen Störungen, von traumatischen Erfahrungen in Kindheit und Lebensgeschichte bis zu übergroßen emotionalen Belastungen durch Verluste, Zerwürfnisse oder Stress, von Licht- und Nährstoffmangel bis zu Einsamkeit können vielfältige Einflüsse auf uns einwirken, die unsere Seele ins Dunkel führen. Niemand kann von sich sagen, dass er dauerhaft davor geschützt ist. Dies wäre eine unhaltbare Überheblichkeit.

Diese komplexen ursächlichen Zusammenhänge verdeutlichen, dass Depression niemals eine Frage des Willens ist und schuldhafte Bezüge und Selbstvorwürfe in keiner Weise begründet sind. Jede und jeder kann davon betroffen sein, niemand sollte sich in souveräner Selbstsicherheit wähnen. Bleibt es für die einen bei einer vorübergehenden Störung und verkraftbaren Stimmungsschwankungen, geraten andere in tiefe Täler des Seelenleids, bis hin zum Todeswunsch.

Dieser Grauschleier über allen positiven Lebensgefühlen, dieses Dunkel, in das keine Freude mehr durchzudringen scheint, ist eines der bedrohlichsten und leidvollsten Krisengebiete, in das Menschen geraten können. Schon Kinder müssen diese bedrohliche Situation erleiden. Der Verlust an Zuversicht und der Zweifel an jeder erfüllenden Lebensperspektive entziehen nach und nach bedeutsame Lebenskräfte. Die quälende Lähmung jedes Antriebs und jeder autonomen Bewältigung von Aufgaben bewirken fortschreitende weitere Belastungen der Lebenssituation. Die tief sitzende Angst, die alle Stimmungen durchzieht, erschüttert nicht nur das Wohlbefinden des Menschen, sie raubt oft den Lebensmut.

Zum Glück haben die Erkenntnisgewinne bei der Erforschung der Depression auch zu vielfältigen Hilfsmöglichkeiten geführt. Ärztliche und therapeutische Hilfe sind nicht nur möglich, sondern in vielen Fällen nötig und unverzichtbar. Auf eine kompetente Diagnostik kann eine individuelle und zielgerichtete Therapie aufbauen. Die Qualität und gezielte Wirksamkeit von Medikamenten haben sich enorm verbessert. Der weitverbreiteten Angst vor Nebenwirkungen und Abhängigkeit kann durch gute ärztliche Begleitung begründet begegnet werden.

Eine Scheu oder gar Scham, solche Hilfe zu suchen, ist in keiner Weise angebracht. Wer käme auf die Idee, sich bei starkem Fieber vor dem Gang zum Arzt zu scheuen? Genauso wenig ist es schlüssig, Störungen unseres Seelenlebens, die auch immer mit den biologischen Abläufen unseres Organismus korrespondieren, von einer kompetenten Hilfe fernzuhalten.

Über diese oftmals unverzichtbare professionelle Hilfe hinaus ist aber auch ein sensibles Lebensumfeld gefragt. Verständnislosigkeit und mangelnde Achtsamkeit verstärken oft die tiefe Hoffnungslosigkeit. Sensibler Respekt und einfühlsame Nähe schaffen hingegen möglicherweise die Voraussetzung für Schritte aus dieser tiefen Not.

Der schmerzliche Verlust
Stabilität im Leben gründet auf nachvollziehbaren Grundlagen. Die Sicherung des täglichen Lebens und seiner grundlegenden Bedürfnisse schaffen verlässliche Sicherheiten. Die Einbindung in bergende Beziehungen gibt uns Halt und Lebensfreude. Eine verlässliche Struktur des Alltags bietet einen sicheren Rahmen. Die Zuversicht, ein künftiges Leben bewältigen zu können, vermeidet Existenzängste.

In manchen Krisenzeiten wird uns bewusst, dass es ganz einfache Fundamente sein können, die uns stabilisieren. Wie oft sprechen ältere Leute davon, wie froh sie darüber sind, täglich aufstehen zu können, die wichtigsten Dinge im Leben selbstständig zu erledigen und das Nötigste für den Alltag zu haben. Auch nach überstandenen Krankheiten oder anderen Lebenskrisen zeigt sich solch eine Wertschätzung für elementare Gegebenheiten.

Doch die Unwägbarkeiten des Lebens machen auch vor diesen Lebensgrundlagen nicht halt. Schicksal oder Krankheit, unglückliche Verkettungen bedrückender Ereignisse oder Katastrophen geschehen ungefragt, oft ohne Vorwarnung. Sie greifen nach dem, was unser Leben so entscheidend trägt, und fügen uns bestürzende Verluste zu.

Die wirtschaftlichen Lebensgrundlagen werden entzogen und plötzlich steht vieles nicht mehr zur Verfügung, was zum Alltag gehörte. Ein Lebenswerk geht in die Brüche und man empfindet sich im Scheitern buchstäblich als Verlierer. Mobilität und körperliche Belastbarkeit schwinden, vieles, was uns Lebensfreude vermittelt hat, ist dann nicht mehr möglich. So viele Verluste, die Menschen in tiefe Krisen stürzen können.

Und dann ist da diese dunkle Wand des Todes, der Verlust, der in seiner Endgültigkeit unendlich wehtun kann. Der Mensch an unserer Seite wird uns genommen und jahrelange Weggemeinschaft bricht weg. Der selbstverständliche Austausch, die vertraute Nähe mit ihren Berührungen und Zärtlichkeiten fehlen Tag für Tag. Menschen, die zu unserer Alltagswirklichkeit gehörten, sind auf einmal nicht mehr da. Wenn sie fehlen, spüren wir oft erst in der ganzen Tragweite, wie wichtig sie für uns waren.

Familiäres Zusammenleben wird zutiefst und dauerhaft erschüttert. Ein Kind verunglückt oder erkrankt unheilbar. Mit allen Kräften und verzweifelt leisten Mütter und Väter schier Übermenschliches und können doch nicht helfen. Verwaiste Eltern wissen, welch radikale Verlusterfahrungen ihr Lebensglück bedrohen.

In solchen bitteren Erfahrungen gerät alles ins Wanken, tut sich ein finsterer Abgrund auf, steht für uns alles infrage. Es ist nicht ein Problem, das uns wie ein Stein auf dem Herzen liegt. Es ist keine Veränderung, die uns verunsichert und Angst macht. Es ist kein düsterer Konflikt, der uns leiden lässt. Es ist radikale Bedrohung, etwas bricht weg, wird fortgerissen aus meinem Lebensgebäude. Nichts mehr ist so, wie es war.

Menschen in solch schweren Verlustsituationen sind oft wie gelähmt, können es nicht fassen. Der Verlust wird als zutiefst lebensfeindliche Attacke erlebt. Die in unserer Biologie eingeprägten Muster von Kampf und Flucht können nicht mehr reagieren. Leib und Seele erstarren im Schock, tragen nicht selten ein Trauma davon, das uns fortan begleitet.

In manchen Verlustsituationen ist es möglich, hilfreiche Unterscheidungen zu treffen. So können wir vielleicht sagen, dass es ja »nur« Geld oder »nur« ein Blechschaden war, aber andere wichtige Lebensbereiche erhalten blieben. Wenn aber ein geliebter Mensch stirbt, wenn ein Lebenswerk zerstört wird, dann geht es um mehr als um »etwas«, das wir distanziert betrachten können. Dann wird ein Herzstück aus der eigenen Lebensgeschichte herausgerissen, dann sind wir nicht mehr »ganz«, nicht mehr »heil«.

An solchen Tiefpunkten des Lebens, in denen alle bisherigen Sicherheiten schwinden, sind unsere Fragen nicht mehr auf Bewältigung ausgerichtet. Sie berühren unser Leben in der Tiefe. Wie soll ich weiterleben? Was bleibt mir noch an Zukunft? Wozu noch einmal Lebenskraft entfalten?

Die Fragen bleiben auf unbestimmte Zeit unbeantwortet, manchmal für immer. Der erlebte Verlust hat nicht eine begrenzte und fassbare Krise ausgelöst, sondern das Leben an einen Wendepunkt geführt. In solchen Lebenskrisen verlieren wir die Fassung. Uns fehlen die Worte, uns fehlt die Kraft, uns fehlt jeder Lichtblick. Wir durchleiden eine existenzielle Grenzerfahrung.

Es hat keinen Sinn mehr

In unzähligen Situationen unseres Lebens fragen wir nach Erklärungen und Bedeutungen. Dies bietet uns die Möglichkeit, uns selbstbestimmt zu orientieren. Wir wollen verstehen. Was wollte da jemand mit seiner Aussage mitteilen? Warum hallt eine Begegnung so lange in mir nach? Was bedeutet ein Ereignis für mein Leben? Was hat einen vertrauten Menschen zu seinem Verhalten veranlasst? Wie konnte es zu einer bestimmten problematischen Situation kommen?

Kinder wollen aus Buchstaben ein Wort gestalten, wenn es nicht möglich ist, geben sie auf, sehen sie »keinen Sinn« in den einzelnen Buchstaben. Beim beliebten Spiel »Scrabble« geht es allen Spielern so: Aus einzelnen Buchstaben erkennen wir sofort ein mögliches Wort, bei anderen wird uns klar, dass da nichts möglich ist.

Wenn wir keine Bedeutung in Aussagen, Ereignissen, Erfahrungen erkennen können, sagen wir zuweilen: »Das ist sinn-los.« Dies kann sich auf banale Vorgänge beziehen und dazu führen, dass wir uns nicht unnötig mit Dingen beschäftigen, die zu keinem Ergebnis führen. Die Feststellung der Sinnlosigkeit kann aber auch eine tiefe und aufwühlende Erkenntnis sein.

Unsere Suche nach Bedeutungen kann in wichtigen Lebensbereichen auch als Suche nach Sinn betrachtet werden. Unser Bedürfnis, Geschehnisse und Entwicklungen besser zu verstehen, führt dazu, dass wir »tiefer schürfen« und manchen Dingen »auf den Grund« kommen möchten.

Ein Streit kann schwer belasten, aber mir auch die Augen für eigene Fehler oder künftige Begegnungen öffnen – da erschließt auch das Unangenehme einen Sinn. Eine gesundheitliche Krise ist für niemanden schön, aber sie kann als Schuss vor den Bug verstanden werden und führt möglicherweise zu Erkenntnissen über problematische Lebensführung, zu hohe Belastungen, mangelnde Sensibilität für das eigene Wohlergehen. Dann kann eine Krisenerfahrung »sinn-volle« Bedeutung für Veränderungen erhalten.

Durststrecken oder negative Erfahrungen im Beruf können eine kritische Reflexion auslösen und zu Entscheidungen der Veränderung oder Neuorientierung führen. Dann hatte die schwierige Zeit »im Nachhinein betrachtet« durchaus ihren Sinn.

Wir fragen in alltäglichen Situationen nach der »Sinnhaftigkeit«, aber wir tun dies auch immer wieder im Blick auf unser Leben. Wofür lebe ich? Warum engagiere ich mich für dies und jenes? Was erfüllt mich eigentlich mit Kraft und gibt mir Halt? Welches Bild meines Lebens ergibt sich aus den Mosaiksteinen meiner persönlichen Geschichte? Kann ich das als sinnvoll annehmen?

Lebenssinn wird heute zunehmend als wichtige Ressource des Menschen erkannt und auch wissenschaftlich hinterfragt. Was der große Psychiater Viktor E. Frankl nach seinen grauenhaften Erfahrungen im Konzentrationslager in der sogenannten Logotherapie dargelegt hat, wird heute von Neurowissenschaftlern, Biologen und Genforschern aus ganz unterschiedlicher Perspektive aufgezeigt: Lebenssinn stärkt den Menschen an Leib und Seele, der Mangel oder der Verlust von Sinn gefährdet ihn umfassend.

Der Verlust an Sinn ist aber keine abstrakte Befürchtung. Menschen in unterschiedlichen Lebenskrisen werden davon leider immer wieder heimgesucht. Oft hat man Tiefschläge hingenommen und verkraftet, aus Talsohlen des Lebens wieder herausgefunden. Doch es gibt den Punkt, wo es zu viel wird, wo die Wucht der Schicksalsschläge zu heftig ist. Der Boden unter den Füßen, der immer wieder einmal uneben und instabil war, wird weggezogen. Alles erscheint jetzt sinnlos. Wofür noch einmal sich aufraffen? Wofür noch leben?

Der Verlust an Sinn kann partiell sein. Eine Arbeit, ein Lebensrhythmus oder eine Grundhaltung können in ihrer Sinnhaftigkeit brüchig werden. Aus der Verunsicherung und der Erschütterung, die dies auslösen kann, vermag nach einiger Zeit in einem kreativen Prozess ein neuer Bedeutungszusammenhang erwachsen. Veränderungen können wirksam werden, die wieder mit Sinnerfahrung verbunden sind.

Doch wir dürfen nicht die Augen davor verschließen, dass es auch den umfassenden Sinnverlust gibt. Manchmal schleichend und manchmal durch furchtbare Ereignisse ausgelöst. Wenn die Aussage: »Es hat alles keinen Sinn mehr«, von uns Besitz ergreift, verlieren wir unendlich viel Energie. Zuversicht und Lebensfreude, Gemeinschaft und Zukunftspläne haben dann keinen Platz mehr. Wir wollen nichts mehr hören, nichts mehr sehen und verschließen uns. Die Depression kann ungehindert zuschlagen.

Auf unserer lebenslangen Sinnsuche ist keine und keiner davor sicher, auch in dieses Krisengebiet teilweisen oder umfassenden Sinnverlustes zu geraten.

Ganz persönlich: Prinzip Hoffnung – der Weg durch die Krankheit (Sigrid Losert)

Krankheit nimmt ihren Lauf

Sommer 2010: In Südafrika wurde die Fußball-WM ausgetragen und Deutschland belegte den dritten Platz. Ganz Deutschland war im Fußballfieber. Das Land war von einer Leichtigkeit geprägt, die mir leider in diesem Sommer abhandenkam.

Sommer 2010: Die Klinik für Traditionelle Chinesische Medizin (TCM-Klinik) bereitete sich auf einen großen Umzug von Ottobeuren nach Illertissen vor. In meiner Funktion als Geschäftsführerin lag die Hauptverantwortung bei mir.

Inmitten von unzähligen Checklisten, Ablaufplänen und turmhohen Umzugskartons ging ich – beinahe beiläufig – zu einer gynäkologischen Vorsorgeuntersuchung. Durch eine Mammografie stellte sich ein unklarer Befund heraus. Wenige Tage später wurde dieser Befund durch eine Biopsie bestätigt: Brustkrebs an der rechten Brust. Der Schreck saß tief. Jetzt galt es, den Umzug der TCM-Klinik, der kurz bevorstand, mit dem OP-Termin abzustimmen.

Meine Überlegung war es, den OP-Termin in den Herbst zu verlegen, damit der Umzug planmäßig stattfinden konnte. Von dieser Illusion musste ich mich sehr schnell verabschieden. Eine kurze, prägnante Aussage meines behandelnden Arztes, Herrn Professor Ricardo Felberbaum, machte mir schnell klar, dass diese OP baldmöglichst durchgeführt werden muss, und katapultierte mich somit auf den Boden der Tatsachen.

Gemeinsam einigten wir uns auf den 5. August 2010 – vier Tage, nachdem der Umzug von Ottobeuren nach Illertissen erfolgreich vonstattengegangen war und der Klinikbetrieb wieder aufgenommen werden konnte. Ein Prozedere erforderlicher anstrengender Untersuchungen zur Vorbereitung der OP nahm seinen Lauf. Am 6. August 2010 wurde ich erstmals operiert. Da sich der Tumor als fein verästelt erwies, folgten am 12. August eine zweite und am 31. August eine dritte OP mit Brustabnahme.

Der Krebs wurde im Frühstadium erkannt, hatte nicht gestreut und somit blieb mir eine Chemotherapie erspart. Allerdings unterzog ich mich einer sechswöchigen Strahlentherapie, die ich gut verkraftet habe. Durch die Brustabnahme stand sehr schnell die Frage einer Brustrekonstruktion im Raum. Diese Thematik ist fester Bestandteil des Qualitätsmanagements eines zertifizierten Brustzentrums. Es gehört nicht zu den regulären Beratungskriterien, den Patientinnen die entsprechende Alternative aufzuzeigen, nämlich die Brust nicht wieder aufbauen zu lassen. Diese Option sollte aus meiner Sicht gleichrangig in Betracht gezogen werden. Nach intensiven Gesprächen mit meinem Lebenspartner sowie meinem behandelnden Arzt habe ich mich dafür entschieden, die Brust nicht aufbauen zu lassen.

Diese Entscheidung bejahe ich bis heute aus voller Überzeugung. Noch dazu, dass ich zu keinem Zeitpunkt Narbenschmerzen hatte oder ein extremes Spannungsgefühl. Dank einer dreiwöchigen Anschlussheilbehandlung an der Ostsee fühlte ich mich nach relativ kurzer Zeit körperlich wieder einigermaßen fit. Die begleitende Hormontherapie hat mich nicht stark beeinträchtigt.

Im Nachhinein betrachtet, habe ich diese Brustkrebserkrankung wie ein Projekt gemanagt (Vorgänge anhand einer Checkliste abzuarbeiten, gehört zu meinen »Leidenschaften«). Ein Problem hatte sich gestellt, es wurde entschlossen angegangen und vermeintlich bewältigt.

Ab Januar 2011 fanden vierteljährliche Nachuntersuchungen statt. Bei einer routinemäßigen Mammografie im Dezember 2013 wurde ich mit einer erneuten Brustkrebsdiagnose konfrontiert: Dieses Mal war es die linke Brust.

Es handelte sich um kein Rezidiv, sondern um eine eigenständige Brustkrebserkrankung. Anders als bei der ersten Erkrankung war ich mir der Bedeutungsschwere sehr bewusst und sie machte mich sprachlos. Im Gegensatz zu damals wusste ich, was auf mich zukam. Ich spürte, dass es mir zeitweise den Boden unter den Füßen wegzog.

Zur Ersterkrankung gab es zwei gravierende Unterschiede: Der erste lag darin, in der Folge eines ausführlichen Arztgesprächs die Entscheidung zu treffen, die zweite Brust unmittelbar bei der ersten Operation abzunehmen, um das Risiko weiterer Eingriffe zu vermeiden. Der zweite Unterschied lag in der Therapieform. Da es sich um eine Zweiterkrankung mit einem aggressiven Tumor handelte, hat mir Herr Professor Felberbaum eine Chemotherapie – ohne Strahlentherapie – empfohlen. Diese Empfehlung nahm ich an und unterzog mich einer dreimonatigen Chemotherapie.

Zur damaligen Zeit war das Klinikum Kempten die einzige Klinik im süddeutschen Raum, die bei Chemotherapien eine Kühlhaube einsetzte, um ggf. die Kopfhaare erhalten zu können. Der Einsatz einer Kühlhaube ist von der Krebsart abhängig. Obwohl ich auf dem Kopf höchst empfindlich bin, habe ich mich dieser zusätzlichen Therapie unterzogen. Sie war für mich im Bewusstsein meiner sensiblen Reaktionen des Kopfes schwer erträglich. Aber die Aussicht auf den möglichen Erfolg motivierte mich. Und tatsächlich: Ich habe kaum ein Kopfhaar verloren. Leider büßte ich zum Teil meine Augenbrauen und meine dichten Wimpern ein, was bedauerlich, aber verschmerzbar für mich war.

Ende April 2014 war das medizinische Therapiekonzept – abgesehen von der durchgängigen Hormonbehandlung – beendet. Nach diesen erneuten schmerzhaften Erfahrungswerten lehnte ich eine weitere Rehabilitationsmaßnahme ab und entschied mich für einen zweiwöchigen Klosteraufenthalt bei den Benediktinerinnen in Müstair in der Schweiz. Welch ein Segen!

Beginnend mit Januar 2011 bis Februar 2021 hatte ich vierteljährliche Nachuntersuchungen; seit Mai 2021 erweiterte sich der Zeitraum auf halbjährlich.

Ein neues Nachdenken über Einstellungen und Lebensweise

Neben wertvollen Gesprächen mit meinem engsten Umfeld war für mich durch die gesamte Erkrankung hindurch eine onkologische Psychotherapie – bis zum März 2022 – eine entscheidende Säule der Unterstützung und Stabilisierung. Durch die Therapiegespräche reflektierte ich Schritt für Schritt u. a. meine Lebensweise und meine Lebenseinstellung.

Es hat bei mir sehr lange gedauert, um die Krebserkrankung als »chronische« Erkrankung anzuerkennen; sie wird mich zeitlebens begleiten – einhergehend mit der Angst vor einer erneuten schweren Erkrankung. Im Laufe der Jahre habe ich gelernt, die Angst anzunehmen, sie geistig und seelisch zu verdauen. Das gelingt mal besser, mal weniger gut. So bin ich in der Selbstwahrnehmung sensibler und achtsamer geworden.

Es hat ebenso lang für mich gedauert, den Begriff »Stress« in seiner tiefen Bedeutung zu erfassen. »Stress« war für mich in all meinen beruflichen Jahren ein Fremdwort. Ich war privat und beruflich stets auf der Überholspur unterwegs, ungeachtet der Auswirkungen auf meine Gesundheit und auf mein Umfeld. Das Gefühl der Unverwundbarkeit schwang immer mit.

Erst durch die intensive Auseinandersetzung mit einer fundierten Stress-Diagnostik, die in der iTCM-Klinik Illertal entwickelt wurde, erkannte ich für mich persönlich die Zusammenhänge und konnte die krank machenden Stressfaktoren herauskristallisieren. Der Blick in den »inneren Spiegel« wurde aufschlussreich. Erst nach der Zweiterkrankung habe ich meinen Lebensstil infrage gestellt. Die Bereitschaft, ihn nachhaltig zu ändern, wuchs mit der Zeit. Es war kein leichter Weg, der mich zum Teil sehr anstrengte, aber ich empfand ihn als wichtig und lohnend.

Regelmäßiger Sport und gesunde Ernährung waren dabei stabilisierende Säulen. Rituale, die den Alltag gestalten und erholsame und lebensfrohe Zeiträume eröffnen, lernte und lerne ich bewusst zu gestalten. Fragen nach dem Lebenssinn und danach, was mich trägt und mir Halt gibt, standen immer öfter im Fokus. Was ist bewahrenswert und was unverzichtbar? Was möchte ich verändern? Was fehlt mir? Was ist zu viel? Was möchte ich loslassen? All diese Fragen sind zu stetigen Begleitern geworden. Sie fordern Zeit zum Nachdenken, ruhige Zeiten, in denen sich Gedanken entfalten können und hilfreiche Gespräche möglich sind. Dafür muss ich in meinem Alltag sorgen, dafür trage ich Verantwortung.

Im Laufe all der Jahre habe ich gelernt, aktiv mit der Erkrankung umzugehen, sie selbst zu gestalten und meine ureigenen »Schutzgebiete der Seele« auszuweisen. Zwischenzeitlich bin ich bereit, Mitverantwortung für die eigene Gesundung zu übernehmen. Mein Leben zieht neue Kreise.

Prinzip Hoffnung

All das geschieht in einem wohlwollenden und verlässlichen Umfeld, das ich sehr zu schätzen gelernt habe und für das ich überaus dankbar bin. Ich kann nur erahnen, was es bedeutet, diese Erfahrung nicht machen zu dürfen.

Die Erkrankungen haben mein Leben nachhaltig verändert, sie lösten Momente des Schreckens, der Angst und der tiefen Verunsicherung aus. Es gab einsame Stunden, bohrende Fragen und sorgenvolle Blicke auf das, was kommen könnte. Aber die Erkrankungen waren und sind mir auch große Lehrmeisterinnen.

Ich habe viel über mich und meine Lebenseinstellung gelernt. Ich begegnete Seiten an mir, die mir so nicht bewusst waren, und bin immer noch auf einer spannenden Entdeckungsreise. Vor allem lehrten mich die Erkrankungen eine tief in mir liegende Hoffnung. Ängste und schlechte Nachrichten hatten zu keinem Zeitpunkt das letzte Wort. Ich spürte in mir die Hoffnung, dass es »gut« weitergeht.

Der spätere tschechische Präsident und bekannte Dichter Václav Havel schrieb in den Jahren 1979 bis 1983 aus der Haft Briefe an seine Frau Olga. Oft kreisen seine Gedanken um die Hoffnung. In einem späteren Gespräch formuliert er ein berühmt gewordenes Zitat:

Hoffnung ist nicht die Überzeugung, dass etwas gut ausgeht;
Hoffnung ist die Gewissheit, dass etwas Sinn hat, egal wie es ausgeht.

Die Hoffnung gibt mir die Kraft, aufrecht zu gehen, den Rückschlägen und Niederlagen zum Trotz.

Knotenpunkte auf Krisenwegen

Krisen werden immer wieder mit einem Weg durch die Wüste verglichen. Wer einmal in einer Wüste war, weiß um den Sinngehalt dieses Bildes. Eine einzigartige Stille lässt jede eigene Bewegung und den Atem vernehmbar werden. Man ist mit sich selbst völlig allein.

Der Körper verliert rasch und oft nahezu unbemerkt Flüssigkeit, was das Leistungsvermögen und die Aufmerksamkeit in relativ kurzer Zeit beeinträchtigen kann. Vor allem ein ausreichender Vorrat an Wasser – diesem so ursprünglichen Element – ist unverzichtbar.

Der Blick fällt auf eine Landschaft, die durchaus reizvoll sein kann, in der man aber nicht bleiben möchte. Sie bietet keinen freundlichen Lebensraum. Trockenheit, Steine und Sand dominieren. Kaum ein Grün als keimendes Leben. Das Auge gewöhnt sich an eine monotone Umgebung.

Selbst auf kurzen Wüstenwanderungen muss man gewahr sein, schnell die Orientierung zu verlieren. Alles sieht gleich aus, eine unbewusste Abzweigung führt in ein fremdes Gebiet. Nach kurzer Zeit wird man sehr unsicher, wie man auf den alten Weg zurückkommt, findet ihn möglicherweise nicht mehr. Während ich dies schreibe, erinnere ich mich genau an solche Erfahrungen in der Judäischen Wüste.

Die hilfreichen Orientierungspunkte fehlen: das aufragende Gebäude am Horizont, der typische Bergzug, das blühende Rapsfeld, die Baumgruppe. In der Eintönigkeit der Wüste wird uns oft erst bewusst, wie viele scheinbar unauffällige Hinweise und Markierungen uns sonst weiterhelfen. Jetzt fehlen sie.

Bedeutungsvoll werden dann einige wenige markante Orientierungshilfen. Der Stand der Sonne weist auf Himmelsrichtungen hin; wenn wir eine Uhr mit Zeigern bei uns tragen, wird sie zum Kompass. Der Verlauf eines Tales kann zur Leitplanke werden, die man nicht aus dem Blick geraten lässt. Abzweigungen prägt man sich bewusst ein, markiert sie vielleicht sogar mit Steinen auffällig, um sie beim Rückweg wahrzunehmen.

Auch der Wüstenweg Krise kann den Mangel an Orientierungshilfen offenbaren. Gewohnte Strukturen gehen verloren, vertraute Umgebung entzieht sich. Wichtige Wegbegleiter sind nicht da. Aufgaben, die dem Alltag einen festen Rahmen gaben, verlieren an Bedeutung. Alles erscheint monoton, wie von einem Grauschleier überzogen. Die Lebenslandschaft ist öde und unübersichtlich geworden. Sinnressourcen sind erschöpft und Kräfte bauen sich schnell ab.

Auch hier gewinnen grundlegende Wegmarken an Gewicht, die eine Richtung aufzeigen können. Orientierungspunkte rücken in den Mittelpunkt, denen wir uns sonst vielleicht nicht bewusst und nicht so aufmerksam widmen. In Zeiten der Wüste gewinnen sie möglicherweise entscheidende Bedeutung. Einige dieser Orientierungsmarken begleiten uns unser ganzes Leben, doch im »normalen« Lauf der Dinge bleiben sie zuweilen unbewusst und unklar. Doch die Herausforderungen, die von schweren Erschütterungen in unserem Leben ausgelöst werden, rücken solch grundlegende Wegmarken in ein neues Licht.

In schwierigen Situationen schenken wir ihnen vermehrte Aufmerksamkeit oder werden unweigerlich mit ihnen konfrontiert. Wenn wir sie bewusst wahrnehmen und bedenken, können sie richtungsweisend werden. In ihnen liegt das Potenzial, entscheidende Schritte weiterzukommen. Sie eröffnen Zugänge, die für die Zukunft bedeutsam sein können. Sie geben Hilfestellungen, den Blick zu schärfen und unsere Situation klarer einzuschätzen.

Die Begegnung mit sich selbst

Im Laufe unseres Lebens entwickeln wir ein Bild von uns selbst und sehen uns in unseren Potenzialen und in unseren Schwächen. Je nach Prägung und Lebensgeschichte entfalten sich Selbstvertrauen, Selbstwertgefühl und ein Bild von der eigenen Person.

Diese Entwicklung ist komplex und langwierig. Psychologie, Pädagogik und Neurowissenschaft erforschen die Entwicklung und die Grundmuster des Selbstbildes und seiner Auswirkungen auf unser Leben intensiv. Erst mit zwei bis drei Jahren entwickeln wir erste Formen der Selbstwahrnehmung, sagen wir »ich« und erproben wir unsere Individualität. Eltern kennen das gut, was in der Alltagssprache oft »Trotzphase« genannt wird. Sie beschreibt dieses Phänomen, dass Kinder einen bis dahin unbekannten »Eigensinn« zeigen, der für alle Beteiligten manch emotionale Achterbahn mit sich bringt.

Bis zu diesem Alter lebt das Kleinkind vorwiegend in der Symbiose mit seinen engsten Bezugspersonen. In seinen Grundbedürfnissen erlebt es eine vertraute Umgebung, die den Hunger stillt, Unwohlsein zu beseitigen versucht und Zuwendung schenkt. Daraus entwickelt das Kind Vertrauen und das Grundgefühl, angenommen und erwünscht zu sein. Grundlage für ein positives Selbstwertgefühl, das sich auch biologisch und neuronal manifestiert.

Doch es gibt auch die andere Erfahrung. In Hunger, Angst und Schmerz bleibt das Kleinkind lange allein, es erfährt keine Aufmerksamkeit und fühlt sich verlassen. Die Bezugspersonen reagieren genervt, zeigen Unmut, Überforderung und vielleicht auch Aggression. Auch dies vermittelt ganzheitliche Prägung: Das Kind empfindet Ablehnung, erfährt sich als Störfaktor, entwickelt das Grundgefühl, eine Last zu sein. Der Ausdruck von Bedürfnissen löst negative Reaktionen aus. So kann sich das Muster einprägen, eigene Bedürfnisse zu verbergen. Ist dies die vorherrschende Grundbeziehung, bleibt das Selbstvertrauen gering, kann das Selbstbild von Minderwert und Schuldgefühlen durchzogen werden.

Im Laufe der weiteren Entwicklung beginnt der junge Mensch die Frage nach sich selbst mehr und mehr eigenständig zu stellen. Prägungen und Muster werden bewusst, neue Begegnungen und Erfahrungen beginnen das Selbstbild zu verändern. Der Weg zu uns selbst bleibt ein lebenslanger Prozess. Frühkindliche Prägungen sind dabei ein entscheidender Baustein, doch ist die Entwicklung einer Person offen und veränderbar. Die Reifungsprozesse haben fortwährend Auswirkungen auf unser Selbstverständnis.

Im Unterricht und bei Vorträgen zeige ich gerne eine Fotomontage, in der ein Kätzchen in einen Spiegel blickt und aus dem Spiegel schaut ihm ein Löwe entgegen. Ja, viele Menschen haben ein Bild von sich, das eine Stärke und eine Bedeutung beinhaltet, die der Wirklichkeit nicht entspricht. Kleine Kinder trauen sich Dinge zu, die sie keinesfalls leisten können. Im Entwicklungsprozess ist dies ein wichtiger Erfahrungsraum.

Schwieriger wird es, wenn es im späteren Leben so bleibt. Wenn wir nur unsere Stärken sehen und damit zur Selbstüberschätzung neigen. Wenn wir an ein unbegrenztes Leistungsvermögen glauben und so permanent zur Selbstüberforderung tendieren. Wenn wir der festen Überzeugung sind, alles allein zu bewältigen, und so bedeutsame Hilfe und Begegnung ausgrenzen.

Das Foto von Katze und Löwe muss aber auch umgekehrt gelesen werden. Kraftvolle Menschen mit ergiebigen Ressourcen sehen sich selbst als schwach und ausgeliefert. Sie trauen sich nichts zu, werden von geringem Selbstvertrauen kleingehalten. Auch dies wirkt sich vehement aus, wenn es zu einem Lebensmuster wird. Probleme bleiben liegen, weil Menschen sich nicht für kräftig genug halten, diese anzupacken. Lohnende Aufgaben werden ausgeschlagen, weil man sich überfordert fühlt. Wichtige Beiträge im Zusammenleben unterbleiben, weil das Gefühl von Minderwertigkeit dominiert. Potenziale bleiben dann verborgen, das Grundmuster, sich selbst klein zu sehen, wird noch verstärkt.

Die Erfahrung schwerer Lebenskrisen berührt unser Selbstbild unmittelbar. Wir begegnen uns an einer besonderen Lebensstation, wir erfahren uns neu. Diese Wegmarke – uns selbst unter neuen Bedingungen zu begegnen – kann zu einer überaus bedeutsamen Veränderung des Selbstbildes führen.

Unser Glaube, alles im Griff zu haben, die Dinge des Lebens tatkräftig zu gestalten, kann durch eine Diagnose, einen Schicksalsschlag, einen Verlust von einem Augenblick auf den anderen zerbrechen. Wir erfahren Ohnmacht, Kontrollverlust und Hilflosigkeit. Wir müssen schmerzlich wahrhaben, dass unsere Handlungsmacht keine Option ist. Wir sind gar nicht so souverän und tatkräftig, wie wir immer glaubten.

Unsere Annahme, dass es am besten ist, alle Dinge eigenständig zu bewältigen und autonom und selbstbestimmt alles Wichtige im Leben in die Hand zu nehmen, kann ebenso schwer erschüttert werden. Wir geraten an eine Grenze, bei der wir die Hilfe anderer dringend benötigen. Wir spüren, dass wir mit unserem Latein am Ende sind. Das Gefühl, eigenständig und souverän zu sein, wird vom Gefühl des Alleinseins und der Überforderung verdrängt.

Wie bedrohlich ist es in solchen Situationen, wenn Menschen dies nicht wahrhaben wollen, weiterhin auf ihre Eigenkräfte setzen und naheliegende und professionelle Hilfe nicht annehmen. Ein trügerisches Selbstbild löst dann schweres und unnötiges Leid aus, verschärft die Krise.

Zugleich kann es sein, dass gerade in diesen Krisenprozessen neue Kräfte und Grundzüge in sich selbst entdeckt werden. Viele Menschen berichten davon, dass sie immer gedacht haben, eine bestimmte Form von Schicksal, Krankheit oder Verlust wäre für sie der Untergang. Sie könnten es nicht ertragen. Wenn sie dann tatsächlich von solch einer Krise betroffen sind, entdecken sie aber ganz andere Züge an sich. Sie ordnen Prioritäten neu, sie stellen sich einer veränderten Situation und ziehen nach einiger Zeit oft das Fazit: »Ich hätte nie geglaubt, dass ich damit so umgehen kann!«

So können wir durch Krisen in eine Auseinandersetzung und Begegnung mit uns selbst geraten, die uns einen überaus interessanten Aufschluss über uns selbst geben. Wir dürfen uns selbst mit neuen Augen sehen, das ist eine Chance. Als junger Mann erkrankte ich an einer akuten Blinddarmentzündung. Der Genesungsprozess war schwierig, ein während längerer Zeit nicht entdeckter Bauchdeckenabszess entwickelte sich, eine Notoperation wurde nötig. Ärzte und Familie waren in großer Sorge um mich, es begann ein problematischer zweiwöchiger Behandlungsprozess, zu dem ich in der Klinik bleiben musste.

Zur sinnvollen Zeitgestaltung ließ ich mir einige Arbeiten vom Schreibtisch und theologische Literatur bringen. Ich sah mich als den, der auch am Krankenlager noch seine Aufgaben erfüllt. Doch nichts davon gelang. Jeden Morgen war ich aufgeregt, wie nun wohl die Körpertemperatur war, wie sich beim Verbandswechsel die Wunde entwickelte. Mein Interessenshorizont schrumpfte und bewegte sich zwischen Wundversorgung, Vitalfunktionen und Verdauung. Nur ein wenig triviale Literatur konnte zwischendurch für Abwechslung sorgen.

Diese interessante Erfahrung mit mir selbst, die ich nie mehr vergessen habe, hat sich auch auf meine spätere Tätigkeit in der Klinikseelsorge ausgewirkt. Mir war immer bewusst, dass Menschen in Krankheitsprozessen anders empfinden, dass sich Fragen und Interessen verändern. Viele erfahren nach und nach in einer belastenden Situation, dass sie ja ganz anders sind, als sie immer glaubten. Sie sehen Verhaltensweise und Grundzüge an sich, die ihnen bisher unbekannt waren.

Wenn Vertrautes ins Wanken gerät, wenn die Architektur des Lebens durcheinandergebracht wird, wenn ein »Erdbeben« unser Lebenshaus beschädigt, öffnet sich ein neuer Blick auf uns selbst. Dies ist ein durch und durch individuelles Geschehen. Da wird jemand dafür offen, dass er endlich fremde Hilfe annimmt und realisiert, dass dies keine Schande, sondern eine Chance ist. Da kommt jemand zur Ruhe und zum Nachdenken und wird gewahr, dass sie vor lauter Bemühen, allen Erwartungen gerecht zu werden, eigene Bedürfnisse und Grenzen nicht mehr beachtet hat. Da nimmt jemand die eigene Verletzlichkeit wahr und sieht dies nicht als Defizit, sondern als Grundzug jedes Menschen.

Da entdeckt jemand Energien, die im bislang gar nicht bewusst waren. Da wird eine Emotionalität lebendig, die vielleicht für lange Zeit unter Verschluss gehalten wurde und damit zu einer sehr einseitigen Selbstwahrnehmung geführt hat. Da beginnt jemand zu weinen und schämt sich erstmals nicht dafür. Da gesteht sich jemand tief sitzende Angst ein und erkennt, dass solche Gefühle bisher verdrängt wurden

Die Beispiele und Erfahrungen ließen sich fortsetzen. Die veränderte Begegnung mit sich selbst kann schmerzhafte und wohltuende Züge tragen. Sie kann alles infrage stellen, aber auch entscheidende Antworten anbahnen. Sie kann eine Fassade zerstören und neue Ansichten ermöglichen. Sie kann Irrtümer über sich selbst offenbaren oder unbewusste Gewissheiten des eigenen Lebens ans Licht bringen.

In der Wüste unserer Krise, in ihrer Stille und Andersartigkeit, können wir viel weniger als im sonstigen Alltag vor uns selbst davonlaufen. Wir nehmen uns anders, sensibler, unmittelbarer wahr. Wir können beginnen, über uns selbst, unser Selbstbild und die Fundamente unserer Person verändert nachzudenken. Wir werden uns selbst zur Wegmarke, die richtungsweisend sein kann.

Beziehungen in verändertem Licht

Von der Zeugung an sind wir als Menschen auf Beziehung und Bindung ausgerichtet. Die Nabelschnur ist ein aussagekräftiges Sinnbild dafür, dass wir von Anfang an »angebunden« und »eingebunden« sind. Wir leben aus Beziehung und Verbindung. Allein gibt es uns nicht.

Die pränatale Forschung eröffnet uns hier faszinierende Einblicke. Der ungeborene Mensch erhält nicht nur alle wichtigen körperlichen Versorgungen durch die Symbiose mit der Mutter. Er hat Anteil an deren Ängsten und Freuden und steht in einem lebendigen Bezug zur sozialen Umwelt. Stimmen und Stimmungen werden wahrgenommen, ein Austausch findet statt.

Dies bleibt lebenslang so. Der Mensch ist ein soziales Wesen, er braucht seine mitmenschliche Umgebung, Zuwendung und Geborgenheit. Nähe und Wärme geben Sicherheit, beruhigen, sorgen für positive Gefühle. Vertraute Berührungen wirken sich schnell auf unser Befinden aus, können Stress und Ängste mindern. Wir lernen voneinander, tauschen uns aus, vertrauen uns an. Ein lebendiges Netzwerk wächst. Intensive und tragende Beziehungen gehören dazu, alltägliche und eher begleitende Kontakte ebenso.

Und ebenso ist zu sehen: Manche Verbindung ist belastet, löst negative Emotionen aus und macht uns zu schaffen. Kränkungen und Verletzungen im Miteinander, Isolation und Geringschätzung beeinträchtigen unseren Lebensweg und unser Wohlergehen ganz entscheidend. Negative Beziehungserfahrungen lösen in Regionen des Gehirns deutliche Reaktionen aus, in denen auch das Schmerzempfinden angesiedelt ist. Daher »tut es weh«, wenn uns jemand beleidigt, »verletzt« es uns, wenn uns jemand »schneidet«.

Bindung und Beziehung sind nicht Teilaspekte unserer menschlichen Wirklichkeit, sondern ein tragendes Fundament. Menschliches Miteinander ist nicht »etwas«, das »auch« zum Leben gehört. Es durchzieht als »roter Faden« unseren ganzen Lebensweg. Leben ist ohne die mitmenschliche, soziale Dimension schlicht nicht denkbar.

Zu vielen Zeiten begleiten uns die Beziehungen wie ein mitlaufendes »Programm«. Sie sind da, mehr oder weniger bewusst, haben ihren festen Platz. Manchmal sorgen sie für Ärger und Reibungsflächen, oftmals gehören sie fast unbemerkt zur Stabilität unseres Alltags.

In der Krise ändert sich diese Erfahrung in vielen Fällen. Auf unser Beziehungsnetz fällt dann ein verändertes Licht, das auch unsere Wahrnehmung verändert. Dies kann sehr unterschiedlich verlaufen.

Menschen erfahren, wie wenig selbstverständlich die Nähe vertrauter Personen ist und wie hilfreich und tröstlich diese auf den Wüstenstrecken des Lebens sind. Andere haben das Bedürfnis, sich zurückzuziehen. Ihnen ist es im Augenblick zu anstrengend, neben der schweren Last der Krise auch noch im Austausch mit der Umgebung zu stehen.

Verschiedene Alltagsbegegnungen werden in einer Krisenzeit eher zur Last als zur Hilfe. Der banale Small Talk kollegialer Umgebung geht auf die Nerven, wird als störend und unangemessen empfunden. In der Auseinandersetzung mit der eigenen schwierigen Situation hat man nicht die Kraft, ein konzentriertes Gespräch mit anderen zu führen. Zugleich können ein stummes Zeichen, ein verständnisvoller Blick ermutigen und bestärken.

Manchmal dürfen Betroffene erleben, wie ihnen jemand aus ihrer Umgebung ganz neu begegnet und echte Anteilnahme zeigt. Die Krise wird dann zum Rahmen für eine intensivere und bewusstere Beziehung. Wir entdecken an vielleicht längst bekannten Mitmenschen neue Züge und entwickeln eine tiefere Wertschätzung.

Leider gibt es auch die umgekehrte Erfahrung: Menschen, die man zum Freundeskreis gezählt hat, ziehen sich zurück. Wir haben uns mehr und tieferes Verständnis erhofft und können Äußerungen und Reaktionen nicht verstehen. Ob aus Unsicherheit oder Überforderung – es entsteht eine schmerzliche Distanz. Diese kann sich nachhaltig auswirken.

Krisen berühren und verändern ebenso die engen und vertrauten Beziehungen. Partnern gelingt ein ehrlicher und vorbehaltloser Austausch in kaum gekannter Weise. Trotz aller Schwere erwächst daraus eine kraftspendende Vertiefung der Verbundenheit. Familien tragen schwere Lasten gemeinsam, wachsen intensiv zusammen und werden zur Kraftquelle füreinander.

Manche müssen schmerzvoll das Gegenteil durchleiden: Es gelingt nicht, die im engen Lebensbereich verbundene Person am eigenen Schmerz teilhaben zu lassen. Der Rückzug in das eigene Schneckenhaus erschwert vertrauten Menschen die Begegnung mit mir. Zugleich macht sich ein Gefühl breit, nicht verstanden zu werden und in der ganz persönlichen Not völlig allein zu sein. Das vergrößert den Leidensdruck.

Jede Krise hat ihre eigenen sozialen Erfahrungen: aufbauend und erschwerend, hilfreich und verstörend, bergend und isolierend. Jede Krise geht Hand in Hand mit einer facettenreichen Beziehungsgeschichte.

Es ist naheliegend, dass krisenhafte Veränderungen in unserem Leben unsere mitmenschlichen Verbindungen unmittelbar und bedeutsam betreffen. Wenn sich in unserem Leben eine schwerwiegende Veränderung zeigt, bleibt das nicht ohne Auswirkung auf die Menschen in unserem Lebensbereich.

Aus den mitmenschlichen Erfahrungen in Krisenzeiten können anhaltende Folgen erwachsen. Der Blick wird geschärft und vielen Menschen wird auf neue Weise deutlich, wie wichtig und tragend bestimmte Personen in ihrem Umfeld für sie sind. Tiefe Verbundenheit wird gestärkt, belebt und mit großer Dankbarkeit erfahren.

In Wüstenetappen des Lebensweges wird unser Beziehungsnetz jedoch neu »durchbuchstabiert«. Menschen, die wir zu unseren Freunden zählten, entfernen sich, eine größere Distanz tut sich auf. Manchmal möchten wir auch künftig nicht mehr viel mit ihnen zu tun haben. Für andere entdecken wir eine neue und veränderte Wertschätzung. Uns wird bewusst, was wir an ihnen haben. Wir suchen verstärkt ihre Nähe.

Auf dunklen Wegetappen des Lebens denken wir auch oft vertieft über lebenslange und prägende Begleiter nach. Unser Elternhaus mit seinen Einflüssen auf unseren Werdegang rückt zuweilen wieder mehr in den Mittelpunkt unserer Gedanken. Wir empfinden Dankbarkeit für Ressourcen, die uns dort mitgegeben wurden. Wir setzen uns aber auch mit Prägungen und Mustern auseinander, deren wir uns bewusstwerden und die uns auch als Ballast auf schwierigen Etappen des Lebens erscheinen können.

Die Erschütterung der Krise konfrontiert uns mit unserer sozialen Wirklichkeit. Beziehungen in ihrer ganzen Vielfalt werden zur Wegmarke. Sie bestärken und korrigieren Richtungen, die wir eingeschlagen haben. Häufig gestaltet sich ein verändertes Beziehungsnetz. Dies beeinflusst unseren künftigen Weg.

Der Boden unter den Füßen

Mitten im Schulalltag: Aus einem 15-jährigen Schüler in der letzten Reihe platzte es heraus: »Herr Epp, ich brauche Ihren Gott nicht. Pizza, Bier und Sex – das reicht mir voll und ganz!« Seiner Mimik war es anzusehen, dass er mich provozieren wollte. Das gehört in diesem Alter für viele Schüler:innen zum Grundinstrumentarium. Ich kann nicht sagen, wie meine Mimik war. Aber bei einigen Mitschüler:innen nahm ich Kopfschütteln, Grinsen, Verständnislosigkeit wahr. Und als ich nicht sofort selbst reagierte, sondern um Äußerungen bat, kam es relativ schnell zu einem Austausch.

Der Schüler bekam auch Zustimmung, aber die Mehrheit äußerte sich kritisch: Er habe gar nicht von Freundschaft gesprochen – ob das nicht viel wichtiger sei? Eine Schülerin, deren Mutter gerade eine Chemotherapie erhielt, sprach von der Bedeutung der Gesundheit. Und einer meinte ironisch: Jeden Tag Pizza und Bier, da würde man krank und vielleicht zum Sex unfähig. »Dann brauchst du statt Bier die kleinen blauen Pillen«, meinte er. Er hatte die Lacher auf seiner Seite. Mehrere betonten mit großem Ernst, die Familie stünde für sie ganz oben. Das Gespräch in der Klasse kreiste um das, was im Leben wichtig, und das, was unter Umständen gar nicht so bedeutsam ist, wie wir zunächst meinen. Die Provokation des Schülers war ein wunderbarer Impuls.

Die Jugendlichen tauschten sich über etwas aus, was uns ein Leben lang beschäftigt. Auf welchen Fundamenten ruht mein Lebensverständnis? Was hat für mich maßgeblichen Stellenwert? In welchen Grundüberzeugungen bin ich verankert? Worin finde ich einen Halt und eine Orientierung, die über den Augenblick hinausgehen? Woraus schöpfe ich für meinen Weg Sinn?

Die Antworten sind vielfältig, sehr divergierend und sehr individuell. Sie werden in vielfältigen Lebenssituationen entdeckt und sie wandeln sich im Laufe des Lebens fortwährend. Jugendliche, die bei Party, Action und Abenteuerlust über lange Zeit Erfüllung finden, verändern ihre Einschätzung oft grundlegend, wenn sie in einer Partnerschaft leben und eine kleine Familie gründen. Ganz neue Wertigkeiten haben Priorität. Eine Familienmutter, die zwei Jahrzehnte ganz und gar für Kinder und Familie da war, beginnt nach dem Heranwachsen der Kinder eine Berufstätigkeit bei einem Pflegedienst. Sie macht eine Hospizausbildung und erfährt in der anspruchsvollen Begleitung sterbender Menschen eine große Bereicherung.

Besondere Erschütterungen und Krisenerfahrungen lösen auch eine besondere Auseinandersetzung mit bisher selbstverständlichen Lebensfundamenten aus. Wenn der Boden unter den Füßen wankt oder sogar wegzubrechen droht, wenn es uns »den Boden unter den Füßen wegzieht«, drängt sich die Frage auf, »worauf wir stehen«. Anerkennung und sichtbarer Erfolg sind für viele Menschen wichtige Säulen ihrer Lebensarchitektur und sie opfern viel dafür. Wie oft habe ich es erlebt, dass ein Unfall, die Krankheit eines Kindes, ein Schicksalsschlag in der Familie eine ganz neue Sichtweise auslösten.

Eine erfolgreiche Geschäftsfrau, durch eine schwere Krebskrankheit und die nötige langwierige Chemotherapie gezeichnet, erzählt mir von ihrem sechsteiligen Kleiderschrank. Sie habe den Schrank geöffnet und durch die vielen Kleider auf den Bügeln geblättert und für sich gedacht: »Alles nur Fassade, leeres Stroh.«

Doch die Krise der eigenen Sinnantworten kann auch tiefer gehen und sich nicht so klar darstellen. Ein Familienvater, der sich über viele Jahre in hohem Maße sozial engagiert hatte, schüttelt angesichts seiner schweren Erkrankung den Kopf: »Ist das der Lohn für all das, was ich getan habe?«, fragt er bitter. Der Jugendliche, der jeden Abend mit seinen Großeltern um die Genesung der Mutter gebetet hat, sieht deren unaufhaltsamen Zerfall. »Was soll ich mit einem Gott, der taub und teilnahmslos ist?«, fragt er seine Oma.

Wenn das, was uns so selbstverständlich und vertraut ist, ins Wanken gerät, tauchen Fragen auf, die auch an tiefe Überzeugungen rühren. Wenn der oft unbewusste Halt für den Alltag wegbricht, macht sich große Verunsicherung breit. Was schenkt mir jetzt ein festes Fundament? Worauf verlasse ich mich in einer höchst schwierigen Lebenslage?

Wir erleben ein Dickicht wirrer Gedanken und wechselnder Gefühlslagen. Wir wachen nachts grübelnd auf und fühlen uns einem Gedankenkarussell hilflos ausgeliefert. Wir spüren, wie schwer es uns fällt, den Alltag motiviert anzugehen.

In der Erfahrung der Krise blicken wir kritisch auf das, worauf wir bisher gebaut haben. Vielleicht machen wir eine innere Bestandsaufnahme und suchen nach den Werten, auf die wir weiterhin bauen möchten. Vielleicht entrümpeln wir auch unsere Sinnantworten und »entsorgen« manches Lebensprinzip, das uns nicht mehr tragfähig erscheint.

Wir suchen und halten Ausschau nach etwas, das uns wieder auf die Beine kommen lässt. Wir verändern Prioritäten und sehen Wichtigkeiten des Lebens in einem veränderten Licht. Wir sehnen uns nach Boden unter den Füßen.

Wenn der Weg ins Dunkel, in die Ungewissheit und in die Wüste führt, verändern sich Wahrnehmung und Fragestellungen. Die Frage nach dem, was uns Halt und Sinn stiften kann, worauf wir bauen und vertrauen können, ist dabei zentral. Sie gehört zu den unausweichlichen Wegkreuzungen in Krisenerfahrungen. Sie fordert uns heraus.

Schnelle Lösungen sind oft nicht in Sicht. Es muss ausgehalten werden, dass die Fragen zahlreicher sind als die Antworten. Doch Fragen lösen dynamische Prozesse und eine Suche aus. So machen wir uns wieder auf einen Weg.

Ganz persönlich: Zweimal ein »Sechser im Lotto« – der Weg durch die psychische Krise (Angela Eberhard)

Noch heute, viele Jahre nach meiner großen Krise, habe ich ein besonderes Verhältnis zur U-Bahn-Station Sendlinger Tor in München. Mit ihr verbindet sich ein positives Gefühl. In der Nähe dieses U-Bahnhofs gibt es eine Einrichtung, die vor 16 Jahren mein »Rettungsort« war, ohne den ich heute wahrscheinlich nicht mehr leben würde. Dieser Ort ist die Psychiatrische Klinik der Universität München in der Nußbaumstraße 7.

In der Vorstellung vieler Menschen dürfte ein psychiatrisches Krankenhaus eher ein Ort des Schreckens sein. Das Denken über die Psychiatrie ist immer noch negativ geprägt. Beim Begriff Psychiatrie erinnert man sich sofort an den Film »Einer flog übers Kuckucksnest« oder auch an Berichte über Zustände in psychiatrischen Kliniken Anfang des letzten Jahrhunderts. Trotzdem bleibe ich dabei. Für mich ist die Klinik in der Nußbaumstraße ein Ort der Sicherheit und der Rettung, vielleicht auch der einer Neuorientierung gewesen. Und auch heute denke ich noch: Wenn es wieder einmal ganz schlimm wird, dann gibt es diesen Ort, an den du gehen kannst. Und das ist beruhigend.

Im Januar 2002 hielt ich als mittlerweile vierzigjährige Frau meine Promotionsurkunde mit der Gesamtnote »summa cum laude« in den Händen. Eigentlich war es nicht in meinem Lebensplan vorgesehen, die Doktorwürde zu erwerben. Als mir aber nach dem Vordiplom meines zweiten Studiums der Pädagogik und Gerontologie an der Universität

Augsburg 1998 die Möglichkeit der Promotion angeboten wurde, ergriff ich diese Chance. Ich verstand sie als eine Möglichkeit, mich intellektuell noch einmal herauszufordern und weiterzuentwickeln. Vorausgegangen war dem Studium an der Uni Augsburg eine Ausbildung zur Erzieherin und ein Studium der Sozialpädagogik mit jahrelanger beruflicher Tätigkeit im Jugendbildungsbereich.

Welche Berufschancen eröffnen sich einer promovierten Diplom-Sozialpädagogin? Ich hatte Bestnoten in fast allen Fächern und bekam bei der Stellensuche in der Endphase meiner Doktorarbeit immer wieder die Auskunft, dass ich für die Tätigkeit einer Sozialpädagogin mit einem akademischen Doktorgrad leider überqualifiziert sei. So war es wie ein Wink des Himmels, als ich in der »ZEIT« ein Inserat der Katholischen Fachhochschule Freiburg las, in der dort eine Professorin gesucht wurde, die genau meinem Profil entsprach.

Ich bewarb mich, wurde eingeladen, hielt eine Probevorlesung, stellte mich einem Gespräch mit dem Berufungsausschuss der Hochschule und hatte meinen ersten »Sechser im Lotto«: eine Zusage für die Professur »Soziale Arbeit mit dem Schwerpunkt Altern«. Ich stürzte mich in die Vorbereitung meiner neuen Aufgabe.

Wie schon zu Zeiten der Promotion saß ich wieder an meinem Schreibtisch und versank zwischen Bücherstapeln. Ich arbeitet PowerPoint-Präsentationen für Vorlesungen aus, überlegte mir spannende Seminarthemen, stellte Übungen für die Student:innen zusammen. Ich fuhr mehrmals nach Freiburg, suchte mir eine Wohnung, führte Gespräche in der Fachhochschule mit zukünftigen Kolleg:innen, die mir hohe Ansprüche vermittelten, tauchte in die Theorie der Sozialen Arbeit ein – und bekam von Tag zu Tag mehr Angst vor der Tätigkeit und den von allen Seiten an mich gerichteten Erwartungen.

Das Gefühl der Überforderung und die Angst, den Ansprüchen nicht gerecht werden zu können, übernahm in den Wochen des Sommers 2002 zunehmend die Regie und ich erlebte, was es heißt, »vor Angst allmählich gelähmt zu werden«. Sprudelten am Anfang nach der Berufung noch meine Ideen, so versiegte der Strom der Gedanken nach und nach und zum Schluss tröpfelten nur noch einzelne Wörter in meinen Computer, die ich oftmals gleich wieder löschte. Nachts lag ich stundenlang wach, oft schon ab Mitternacht, und fand keine Ruhe. Jedes kleinste Geräusch im Hof ließ mich aufschrecken. Es war zermürbend.

So konnte es nicht weitergehen. Ich ging zum Arzt, einem Neurologen, und schilderte ihm meine Situation. Er verschrieb mir ein Antidepressivum und meinte, ich müsse mich einfach entscheiden, ob ich die Stelle haben wollte oder nicht. Es war aber nicht leicht, das zu entscheiden. Meine Eltern, meine ganze Umgebung freute sich so sehr über diese berufliche Chance. Immer wieder wurde mir gesagt, Freiburg sei doch eine so schöne Stadt und ich werde mich schon einfinden in den Hochschulbetrieb.

Mich quälte auch das Wissen, dass sich die Verantwortlichen in der Hochschule auf mich verließen, fest mit meinem Antritt zum Wintersemester rechneten. Nach einem von mir verschuldeten Autounfall Anfang August hielt ich den Druck nicht mehr aus und sagte die Stelle ab. Bei dem Unfall auf der Straße vor meiner Wohnung war zum Glück niemandem etwas passiert – nur mein Auto hatte einen Totalschaden. Meine Absage der Professur in Freiburg kam so rechtzeitig, dass die Bewerberin, welche an zweiter Stelle gestanden hatte, noch genügend Zeit hatte, um ihren Antritt im Wintersemester vorzubereiten.

Nach der Absage spürte ich augenblicklich Erleichterung und gleichzeitig große Scham. Niemand konnte verstehen, dass ich auf ein solch freudiges Ereignis hin, wie es die Berufung zur Professorin ist, eine Depression und Angststörung entwickeln konnte. Auch ich selbst fragte mich immer wieder, warum ich mit den an mich gestellten Anforderungen nicht fertiggeworden war. Meine ganze Umgebung war der Überzeugung, dass ich für eine solche Professur geradezu »geboren« wäre und mich nun bewusst gegen diese große Chance entschieden hatte.

In den nächsten drei Jahren schlug ich mich mit den Gedanken und Fragen nach dem Grund meines Versagens herum. Beruflich dümpelte ich auch nur so vor mich hin – mit Werkverträgen an der Uni und freiberuflicher Dozententätigkeit für eine Klinik in München. Wichtig und ein Lichtblick war eine kurze Mitarbeit in einem Blumenladen im Herbst 2002. Die Inhaberin hatte mich gefragt, ob ich bei der Herstellung von Adventskränzen aushelfen könnte. Wir hatten uns vor Jahren bei einem Kurs in einer Gärtnerei kennengelernt. Ich sagte zu und freute mich sehr, als ich merkte, dass sich meine Kränze sehr gut verkaufen ließen. Es war ein Erfolgserlebnis und ich merkte, wie gut die Arbeit mit meinen Händen auch für meinen Kopf war.

2005 machte mich ein Freund – er war Professor an einer Fachhochschule in Nürnberg – auf eine ausgeschriebene Professorenstelle an der Fachhochschule Würzburg aufmerksam. Er hatte das Drama um die abgesagte Stelle in Freiburg drei Jahre zuvor mitbekommen und meinte, dass ich es doch noch einmal versuchen sollte. Ich wollte es auch noch einmal wissen und nun alles besser machen. Nach einem Gespräch mit dem Vorsitzenden der Berufungskommission schrieb ich eine Bewerbung. Diesmal waren zwei Probevorlesungen zu halten – über ein selbst gewähltes und ein vom Berufungsgremium gestelltes Thema. So ein »Vorsingen« ist Stress pur, da wird vor überaus kritischen Zuhörern im Auditorium mit der Stoppuhr die Zeit gemessen. Zeitlich und inhaltlich gelang mir eine Punktlandung und nun hatte ich den zweiten »Sechser im Lotto«: Wieder entschied sich das Berufungsgremium für mich – einstimmig.

Diesmal sollte der Antritt der Stelle im Sommersemester 2006 sein. Zuvor wurde ich im Februar vorläufig verbeamtet, schwor einen Diensteid auf Grundgesetz und Verfassung. Doch zum Zeitpunkt des Schwurs saß ich bereits wieder tief in meinem Angst- und Depressionsloch. An die Zeremonie in Würzburg habe ich nur noch eine neblige Erinnerung. Überhaupt ist die erste Jahreshälfte 2006 in der Rückschau seltsam konturlos und dämmrig.

Der Krankheitsverlauf war zunächst ähnlich wie vier Jahre zuvor: Ich arbeitete mit zunehmender Verbissenheit und abnehmender Kreativität und Kraft. Dennoch brachte ich unter unendlicher Mühe auch einiges zustande, zwei Vorlesungsreihen und mehrere Seminarprogramme. Es war aber auch so, dass sich nach jeder Fahrt nach Würzburg und jedem Gespräch mit den zukünftigen Kolleg:innen weitere Anforderungen vor mir auftürmten, die neue Angstschübe auslösten.

Diesmal holte ich mir beim ärztlichen Notdienst Hilfe, zwei Tage später dann auch in der Ambulanz der Klinik in der Nußbaumstraße. Der Notdienst spritzte mir ein Neuroleptikum und empfahl mir, mich nach Dienstantritt in Würzburg umgehend in psychiatrische Behandlung zu begeben. Die Ärzt:innen in der Ambulanz der Klinik gaben mir Tavor (ein beruhigendes und angstlösendes Arzneimittel, ein Tranquilizer aus der Wirkstoffgruppe der Benzodiazepine) und rieten mir, mich stationär aufnehmen zu lassen.

Dagegen sträubte ich mich, wollte ich doch meine Stelle unbedingt pünktlich im März antreten.

An einem schneereichen Morgen Ende Februar brach ich dann komplett zusammen. Ich hatte eine schlimme Panikattacke, konnte nicht stehen, nicht sitzen, nicht liegen. Ich versuchte es mit einem Spaziergang und kehrte nach wenigen Metern in die Wohnung zurück. Mein damaliger Freund musste zur Arbeit und als er weg war, dachte ich, dass ich jetzt aus dem Fenster im sechsten Stock springen müsse, einfach nur, damit mein momentaner Zustand aufhörte. Vor dem Sprung habe ich dann aber doch noch bei Heidi angerufen, einer Freundin, die selbst Erfahrung mit Depressionen und Klinikaufenthalten hatte. »Hast du Tavor?«, war ihre erste Frage und dann: »Nimm eine und warte auf mich.« Heidi brachte mich mit dem Taxi in die Nußbaumstraße und ich wurde in die geschlossene Abteilung der psychiatrischen Klinik aufgenommen. Dort verbrachte ich eine Woche und es gibt an diese Zeit nur noch Erinnerungsfetzen: ein Zweibettzimmer mit Überwachungsfenster, Gespräche mit Ärzten über Suizidgedanken, angstvolle Fragen, wie es für mich weitergehen könnte. Die einzige Beschäftigung, die mir möglich war: puzzeln.

Ich ließ meine Schwester in der Fachhochschule in Würzburg anrufen und mitteilen, dass ich erkrankt und in einer Klinik sei und meinen Dienst nicht pünktlich würde antreten können – eine Unterleibsgeschichte. Ich dachte, dass bei dieser Version wenig Nachfragen kommen würden, und das war dann auch so. Die Krankmeldung wurde von der Klinik mit einem neutralen Stempel verschickt – sie rieten mir dort, meinem Arbeitgeber gegenüber auf keinen Fall mit offenen Karten zu spielen.

Nach einer Woche wurde ich auf eine offene Station verlegt. Suizidgefahr bestand nicht mehr und ich nahm wieder meine Arbeit am Laptop und an den Vorlesungen auf. Der von den Ärzten unterstützte Plan war es, die Stelle auf jeden Fall anzutreten. »Nichts in der Depression entscheiden«, hieß das Credo. Und so trat ich Ende März mit Tavor in der Tasche meine Stelle als Professorin in Würzburg an. Als ich am ersten Tag mein Büro betrat, das ich mit dem Professor für Sozialmedizin teilte, sprang mir ein Plakat entgegen, das an den Schrank geklebt war: »Depression kann jeden treffen!« Sehr passend.

Wie ferngesteuert absolvierte ich die Antrittsvorlesung (auf die ich gute Rückmeldungen bekam) und die ersten Seminare mit den Student:innen. Nachts schlief ich so gut wie gar nicht und jeden Tag ging es mir schlechter. Die Kolleg:innen und die Sekretärin führten das wohl auf meine Unterleibsprobleme zurück, blieben aber bei mitfühlenden Andeutungen.

Am Mittwoch vor Ostern konnte ich nicht mehr. Ich telefonierte mit meiner Mutter. »Wenn es nicht geht, dann musst du es lassen« – das war der letzte Auslöser für meinen Abschied von Würzburg. Es gab dort nur eine Kollegin, der ich mich anvertraute, und auch sie war der Meinung, dass ich mich nun erst einmal um mich selbst zu kümmern habe. »Die Fachhochschule wird damit klarkommen.« Diese Aussage erlaubte mir, mein schlechtes Gewissen zu unterdrücken und noch am selben Abend mein Büro zu räumen.

Am nächsten Tag fuhr ich mit dem Auto nach Hause – fast ein wenig wie in Trance wegen der Depression und in der Rückschau eminent gefährlich. In München angekommen, begab ich mich umgehend wieder in die Klinik. In meiner Erinnerung ist das der hellste Moment in dieser ganzen Zeit, als ich auf Station in ein Zweibettzimmer geführt wurde, in dem mein Bett für die nächsten sechs Wochen stand. »Endlich in Sicherheit«, das war der klarste Gedanke und auch der tröstlichste, den ich seit langer Zeit fassen konnte.

In den folgenden Wochen erlebte ich zunächst ein Auf und Ab, dann besserte sich meine Situation und ich konnte mich zunehmend stabilisieren. In der Rückschau waren drei Faktoren essenziell. Der erste Faktor war meine Entscheidung, die Professur aufzugeben. Ich schrieb an den Dekan eine Absage und die Bitte um vorzeitige Entlassung aus dem Beamtenverhältnis und spürte große Erleichterung, als ich den Brief an der Ecke der Klinik in den Kasten warf.

Der zweite Faktor bestand in einem Gespräch mit der Stationsärztin. »Warum ist es mir nicht möglich, Professorin zu sein, da ich doch zweimal diesen »Sechser im Lotto« hatte?«, war die mich quälende Frage. Die Ärztin meinte, dass ich mit dieser Frage nach dem »Warum« nicht weiterkäme. »Sie haben es zweimal ernsthaft und mit viel Energie versucht. Es scheint für Sie nicht das Richtige zu sein. Akzeptieren Sie das und nehmen Sie Ihre Seele ernst.« So oder so ähnlich lautete ihre Antwort und es gelang mir, tatsächlich ab diesem Zeitpunkt eine Haltung der Akzeptanz für das mir Unerklärliche einzunehmen und so immer besser die Flut der Selbstvorwürfe einzudämmen.

Der dritte Faktor für meine Gesundung war die Möglichkeit der Arbeit mit den Händen. Ich hatte schon als junge Frau meine Leidenschaft für die Arbeit mit Ton entdeckt und hatte neben meiner beruflichen Entwicklung oftmals meinen Urlaub in Kursen und Sommerakademien mit Modellieren verbracht. Daran konnte ich anknüpfen, da es in der Klinik eine Werkstatt für die Arbeit mit Ton gab. Die Öffnungszeiten dort reichten mir nicht mehr und ich nahm Ton und Werkzeuge mit in den Aufenthaltsraum der Station, um weiterzuarbeiten. Dort, wo ich beim ersten Klinikaufenthalt mit Laptop, Büchern und Papier gesessen hatte, saß ich nun mit Ton, Wasser und Modellierwerkzeugen. Nach und nach kristallisierte es sich für mich heraus, dass ich an der Arbeit mit Ton auch nach der Entlassung festhalten wollte.

Als ich Anfang Juni aus der Klinik entlassen wurde, räumte ich zu Hause das Zimmer aus, in dem ich meine Dissertation geschrieben hatte, und richtete mir eine kleine Keramikwerkstatt ein. Ich verkaufte das Klavier, auf dem ich schon lange nicht mehr spielte, und schaffte mir einen ersten Brennofen an. Ich hatte mir vorgenommen, ein Jahr lang nur das zu tun, woran ich Freude hatte, und mich beruflich zu nichts zu zwingen.

Aus diesem einen Jahr sind inzwischen 16 Jahre geworden, in denen ich als Keramikkünstlerin arbeite. Längst arbeite ich nicht mehr in meiner Wohnung, sondern habe ein eigenes Atelier in München. Auch die Anerkennung für meine Arbeit durch die Öffentlichkeit blieb nicht aus. Inzwischen zeige ich meine Arbeiten in Ausstellungen in ganz Deutschland und auch in Österreich, bekomme Aufträge aus dem In- und Ausland, wurde schon mehrmals im Bayerischen Fernsehen porträtiert – und es gibt immer wieder schöne Presseberichte über mich und meine künstlerische Arbeit.

Mit meiner Krise und dem Aufenthalt in der psychiatrischen Klinik gehe ich offen um. Warum ich nicht Professorin werden konnte, muss ich nicht mehr ergründen. Es gibt viele Puzzlestücke, die Erklärungsansätze sein könnten. Eine letztgültige Begründung habe ich nicht. Aber das ist nicht schlimm. Wichtig ist, dass ich seit meinem Klinikaufenthalt meine Seele ernst nehme, ihre Botschaften höre und auch befolge.

Weggepäck in Krisenzeiten

Der Weg durch die Wüste als Bild für Krisen hat uns an Knotenpunkte geführt, markante Erfahrungen, die in der einen oder anderen Weise in jeder Krise eine Rolle spielen. Wenn wir bei diesem bildhaften Vergleich bleiben, so richtet sich nun die Aufmerksamkeit auf das Weggepäck, auf Ausrüstung, Proviant und Hilfsmittel, die sich im »Rucksack« finden.

Auf langen Touren sammelt man Erfahrungen, was man dabeihaben sollte, und es gibt bei Wanderungen den Augenblick, in dem man froh ist, etwas dabeizuhaben, das man bisher noch nie benötigt hat, jetzt aber in einer speziellen Situation als sehr hilfreich empfindet. Man wundert sich manchmal auch über einen unnötigen Ballast, der den Weg nur beschwerlicher macht.

Eine Krise wird meist zum ersten Mal erlebt und der persönliche Weg durch diese Situation kann uns unvorbereitet treffen. Schritt für Schritt tastet man sich dann voran. Einige »Gepäckstücke« können dabei hilfreich sein. Sie lösen die Situation nicht, doch sie helfen auf dem weiteren Weg. Und wir können durchaus immer wieder einmal unsere »Ausrüstung« überprüfen, ob das Weggepäck auch für Krisenzeiten geeignet ist.

Sich der Wirklichkeit stellen

Wir werden eingetaucht
und mit dem Wasser der Sintflut gewaschen
Wir werden durchnässt
bis auf die Herzhaut

Der Wunsch nach der Landschaft
diesseits der Tränengrenze
taugt nicht ...
HILDE DOMIN

»Ich habe gestern alle Voruntersuchungen gemacht, morgen werde ich operiert und am Ende der Woche bin ich wieder weg!«, so begrüßte mich ein Patient, der wegen unklarer Bauchbeschwerden vor einer Operation stand. Vom Stationsarzt erfuhr ich, dass die Diagnose keineswegs sehr ermutigend und die Prognose unklar war. Ein schwieriger und ungewisser Heilungsprozess war zu erwarten.

Die Befürchtungen bestätigten sich, doch als ich den Mann am Tag nach der Operation besuchte und dieser vom Arzt sehr ausführlich aufgeklärt war, zeigte er dieselbe Grundhaltung. »Ach, in ein paar Tagen ist das alles Schnee von gestern.« Er sollte sich täuschen. Komplikationen traten auf, eine belastende Nachbehandlung war erforderlich und es kristallisierte sich heraus, dass es nur darum gehen konnte, die Erkrankung in Schach zu halten, nicht, sie zu heilen.

Erst nach Monaten immer wieder nötiger Klinikaufenthalte änderte sich nach und nach das Verhalten des Patienten. Er informierte sich in gründlichen Gesprächen, begann von seiner Angst zu sprechen. Er leitete Schritte ein, seine beruflichen und persönlichen Lebensverhältnisse zu ändern. Der Austausch mit den Angehörigen wurde intensiver und bezog sich auf die Krankheitssituation. Die klaren Ansagen wichen einer sensiblen Nachdenklichkeit und wir führten sehr ehrliche Gespräche.

Dieser Patient war ein aussagekräftiges Beispiel dafür, wie wichtig es ist, in der eigenen Krise anzukommen und sie nicht kosmetisch ständig zu verschönern oder zu verbergen. In ernsten Lebenssituationen kann Maskerade nicht mehr hilfreich sein. Es soll keineswegs jedes Problem zu einer Lebenskrise hochgespielt werden, auch dieses Phänomen gibt es. Da ist es nötig, manche Schwarzmalerei und aus dem Augenblick kommende Überreaktion zu entkrampfen.

Doch in tatsächlich kritischen und bedrängenden Prozessen liegt oftmals ein großes Hindernis im Weg: Menschen wollen sie nicht wahrhaben. Sie überspielen Ängste, Gefühle und ernsthafte Veränderungen, die sich abzeichnen. Sie greifen zu oberflächlichen Durchhalteparolen, Witzeleien und wollen beweisen, dass sie in keiner Weise wehleidig sind. Die Verunsicherung zeigt sich im Gewand scheinbarer Souveränität.

Umso heftiger ist dann nicht selten der emotionale Absturz. Betroffene geraten in ein Tränental, wenn die Fassaden nicht mehr aufrechtzuerhalten sind. Sie sehen alles Mögliche infrage gestellt, wenn die Wirklichkeit nicht mehr kaschiert werden kann. Wenn sich das Gefühl, alles unter Kontrolle zu haben, nicht mehr halten lässt, können Dämme brechen.

Es ist Teil des natürlichen Fluchtreflexes in uns, dass wir in der ersten Konfrontation ausweichen, wegsehen, verdrängen. Nicht jede Erschütterung kommt im Augenblick an, das kann auch ein hilfreicher Schutz in der akuten Situation sein. »Das muss ein Irrtum sein ...«, »das ist doch gar nicht möglich ...«, »das kriegen wir gleich wieder hin ...«: Solche Äußerungen sind oft zu hören und sie sind verständlich.

Doch sie werden zum Problem, wenn sie ein anhaltendes Reaktionsmuster bleiben. Sie hindern uns an der Begegnung mit der Realität und bremsen unvermeidbare und letzten Endes auch hilfreiche Schritte aus.

Die Wirklichkeit anzunehmen, ist gewiss nicht einfach. Es erfordert manchmal unglaublich viel Kraft und es fügt uns schweren Schmerz zu, der Realität ins Angesicht zu blicken. »*Wir werden durchnässt bis auf die Herzhaut.*« Doch ihr nachhaltig auszuweichen, verschiebt die unvermeidliche Auseinandersetzung und so löst sich kein Problem.

Panische Überreaktionen und aufgeladene Dramatisierungen auf der einen Seite und verharmlosende und ignorierende Verdrängungen auf der anderen werden der Wirklichkeit vieler Krisen nicht gerecht. Beide Verhaltensweisen, die durchaus verständlich sind, zeigen in der Konsequenz auf, wie wichtig und konstruktiv es ist, sich der tatsächlichen Situation mutig anzunähern.

Gründliche Information und klärende Gespräche können hilfreich sein. Sie schaffen die Voraussetzung, den Schrecken einer erschütternden Erfahrung zu versachlichen. Die ärztliche Information über Chancen und Risiken hat schon vielen Patienten geholfen, auch in angsterfüllten Situationen die durchaus vorhandenen positiven Aussichten zu sehen. Menschen in beruflichen Krisen können zum Beispiel durch eine gute Beratung eine Situation klarer einschätzen und wirksame Schritte finden. Daraus können Energien und Strategien zur Bewältigung wachsen.

Doch ein Schicksalsschlag, der wie aus heiterem Himmel kommt, eine zugespitzte Situation, die Menschen augenblicklich überfordert, oder eine verletzende Beziehungskrise wühlen unterschiedlichste Emotionen auf. Ohnmacht und Hilflosigkeit, aber auch Wut und Panik können sich breitmachen. Auch jetzt kann jemand Beratung suchen, nüchtern analysieren, sich um kühlen Kopf bemühen. Doch Voraussetzung ist, die vorhandene Situation in ihrer Tragweite und in ihren Auswirkungen auf sich selbst zu sehen und zu akzeptieren.

Es ist nicht hilfreich, zu wissen, dass man sich in einer Sackgasse befindet, und trotzdem immer weiterzulaufen. Es geht schief, einen dramatischen Kontostand dadurch zu umgehen, dass man die Kontoauszüge einfach nicht mehr ansieht. Es führt zu keinem guten Ergebnis, in einer überfordernden Situation Mails und Briefe nicht mehr zu öffnen. Es ist gefährlich, anhaltende körperliche Symptome nicht abzuklären, sondern als »bestimmt nicht schlimm« selbst zu bewerten. »*Der Wunsch nach der Landschaft diesseits der Tränengrenze taugt nicht.*«

Es ist keineswegs immer angenehm, sich der Wirklichkeit zu stellen, die Dinge so zu sehen, wie sie sind. Es schmerzt, Angst und Ohnmacht einzugestehen und ohne klaren Plan vor einer schwierigen Situation zu stehen. Es beschädigt das Selbstbild, wenn man als selbstbestimmte Person nicht mehr weiß, wie es weitergehen soll.

Doch wenn wir in Verdrängungen und retuschierten Bildern verharren, die rosarote Brille einfach nicht abnehmen wollen, verzögern wir möglicherweise einen entscheidenden Schritt der Bewältigung. Schonungslose Ehrlichkeit strengt an und kostet Kraft, aber sie kann auch scheinbar verschlossene Türen einen ersten Spalt weit öffnen.

Sich selbst nahekommen

Zwei Texte von sehr unterschiedlichen Personen aus verschiedenen Zeiten und Situationen lenken den Blick auf eine Kernfrage jedes Menschen: Wer bin ich?

Dietrich Bonhoeffer (1906–1945), der evangelische Pfarrer und Theologe, der 1945 in Flossenbürg hingerichtet wurde, schreibt während seiner Haft zahlreiche Texte, die uns zum Glück erhalten geblieben sind. Auch die kurzen

Auszüge dieses bekannten Textes finden wir in »Widerstand und Ergebung«:

> *Wer bin ich? Sie sagen mir oft,*
> *ich träte aus meiner Zelle*
> *gelassen und heiter und fest,*
> *wie ein Gutsherr aus seinem Schloß.*
> *...*
> *Bin ich das wirklich, was andere von mir sagen?*
> *Oder bin ich nur das, was ich selbst von mir weiß?*
> *Unruhig, sehnsüchtig, krank, wie ein Vogel im Käfig ...?*

Fast 80 Jahre später schreibt der Liedermacher, Poet und Komponist Konstantin Wecker (geb. 1947) in seinem Album »Utopia« unter dem Titel »Faust« folgende Zeilen:

> *Wer bin ich nur? Wann biet ich mir die Stirn?*
> *Es gibt da dies Gerücht in meinem Hirn*
> *Ich sei der mir so gut Bekannte*
> *Seit über 70 Jahren mir Anverwandte*
>
> *Der, den ich mir erdachte und erträumte*
> *Der, der mich überraschte, überschäumte*
> *Mit unbekannten Seiten meines Ich*
> *Oft unerträglich fremd und fürchterlich?*
> *War ich mir je bekannt, oder ist alles*
> *Nur dem geschuldet, was man Muster nennt ...*
>
> *Wer bin ich nur? Wer ist dies Ich?*
> *Wie oft war ich denn wesentlich*
> *Wie oft hab ich mir beigewohnt*
> *Wie oft hab ich mich nur geschont*

Anstatt mich wirklich aufzudecken
Und immer wieder neu zu wecken
Mich endlich einmal dem zu stellen
Was in mir ruht: den tiefsten Quellen

Völlig unterschiedliche Lebenssituationen völlig unterschiedlicher Persönlichkeiten und doch sehr ähnliche Fragen. Die Begegnung mit sich selbst ist offensichtlich komplex und in vielgestaltige Lebensprozesse eingebunden. Eindeutige Antworten fallen schwer. So viele Facetten hat die eigene Persönlichkeit, so unterschiedliche Wahrnehmungen von außen und in sich selbst.

Die Auseinandersetzung mit der eigenen Person ist ein lebenslanges Geschehen. Immer wieder lernen wir dazu, tun sich Fragen auf. Immer wieder bestehen Anlässe, das Selbstbild zu korrigieren, zu erweitern und manchmal auch zu revidieren. Mit uns selbst sind wir nie »fertig«.

Dieser Prozess darf nicht verwechselt werden mit einem ständigen Kreisen um sich selbst. Selbstverliebte Bespiegelung der eigenen Person fördert kaum Lernprozesse und Einsichten. Wir haben unsere Aufgaben zu bewältigen und leben in Gemeinschaft. Unsere Öffnung nach außen ist gefordert. Ständige Nabelschau und Beschäftigung mit den eigenen Befindlichkeiten können zur Isolation von der Wirklichkeit um uns herum werden.

Doch darum geht es nicht. Denn umgekehrt birgt auch eine ständige Verdrängung dieser Frage Gefahren. Wir haben davon gesprochen, wie es sich auswirken kann, wenn wir von einem überhöhten Selbstbild geprägt sind, oder wie uns eine ständige Geringschätzung der eigenen Person (be) hindern kann (»Begegnung mit sich selbst«, s. S. 65).

Krisenzeiten fordern uns intensiv heraus, uns selbst nahe zu kommen, die eigene und möglicherweise stark überarbeitete Version von »Wer bin ich?« zu entdecken. Dabei wird es uns wie den beiden zitierten Autoren gehen. Die Antwort fällt nicht leicht und sie wird unterschiedliche Richtungen einschlagen. Es werden sich mehrere Antworten ergeben. Daher ist dieser Prozess komplex und durchaus auch anstrengend.

Aber er ist gerade in schwierigen Abschnitten der Lebensstrecke buchstäblich not-wendig. Es geht nicht um eine finale und erschöpfende Antwort. Die Reise zu sich selbst ist ein lebenslanges Geschehen. Es geht um eine Annäherung an mich selbst, die mir die Augen öffnet, das Bewusstsein schärft und neue Perspektiven aufzeigt. Dafür benötige ich Zeit, ein Umfeld, in dem ich zur Ruhe komme, gute Gesprächspartner, einen hilfreichen Abstand zum Alltag.

Es macht uns sensibel, wenn wir die unterschiedlichen Facetten und Regungen in uns wahrnehmen und uns bewusst machen. Und diese Sensibilität ermöglicht uns, behutsame Schritte zu überlegen und zu gehen. Sie bewahrt uns vor einseitigen Urteilen und Reaktionen auf schwierige Situationen.

Wir öffnen uns dafür, die Einschätzungen und Wahrnehmungen anderer aufzunehmen und mit unserem Selbstbild in Dialog zu bringen. Dies zeigt uns vielleicht große Differenzen. Dann stellt sich die Frage, ob wir uns nach außen ganz anders geben, als wir sind. Warum ist das so? Wollen wir etwas verbergen? Oder haben wir Angst, bestimmte Seiten von uns zu zeigen? Es ist auch möglich, dass das Bild anderer uns auf Züge unserer Person aufmerksam macht, denen wir zu wenig Aufmerksamkeit schenken. Dies kann uns auch ermutigen und bestärken.

Es kann Licht in manches Dunkel bringen, wenn wir Muster entdecken, nach denen wir uns richten, die uns oft steuern. Nur wenn sie uns bewusstwerden, können wir Wege der Veränderung finden.

Das Muster, Konflikte stets zu verschweigen und zu vermeiden, kann Beziehungen lähmen und unterschwellig Aggressionen aufbauen. Wird dies bewusst, können wir neue Formen im Umgang mit unseren Mitmenschen entwickeln.

Das Muster, es allen recht machen zu wollen, ermutigt manchmal unsere Umgebung, uns entsprechend zu manipulieren. Es kann zur bedrohlichen Vernachlässigung eigener Bedürfnisse führen. Entdecken wir es in uns, können wir die Gründe für diese Haltung finden und unser Verhalten beeinflussen.

Das Muster, immer »gut drauf zu sein«, hindert Mitmenschen, uns in unserer Wirklichkeit zu begegnen. Die Bereitschaft, uns authentischer zu zeigen, eröffnet neue und lebendige Begegnungen.

Viele Muster können tief eingeprägt und seit Langem bestimmend sein. Sie geben uns immer wieder eine Stütze und helfen, ohne großen Energieaufwand Aufgaben zu bewältigen. Etliche Muster übernehmen aber auch das Regiment in unserem Leben, das uns in vorgegebene Verhaltensweisen presst oder die autonome Lebensführung einschränkt. Unbewusste Regisseure schreiben dann das Drehbuch unseres Lebens. Muster steuern uns – doch unabänderlich sind sie nicht. Die eigene Auseinandersetzung oder die hilfreiche Begleitung durch andere können uns Schritt für Schritt zu einer intensiven Selbstbegegnung führen.

Dies ist nicht leicht und manchmal auch schmerzhaft. Vielleicht kommen Lebenslügen an den Tag, trügerische Selbstbilder, die in der Krise zerbrechen. Möglicherweise sehen wir, dass in Beziehung, Beruf oder Lebensführung einschneidende Veränderungen not-wendig werden. Dies erfordert Mut und Kraft, woran es in solch schwierigen Zeiten eher mangelt.

Doch der klare Blick auf sich selbst, die Annäherung an die Person, die wir sind, setzt auch Kräfte frei. Wir werden auf Ressourcen aufmerksam, die uns bislang verborgen waren. Wir können Lebensmuster hinter uns lassen, die uns belastet und eingeschränkt haben. Wir verbrauchen nicht unnötig Kräfte für ein Scheinbild. Wir fassen Mut zu neuen Entfaltungen und Lebenserfahrungen.

Krisen erschüttern und tun weh. Sie bringen viel, manchmal fast alles im Leben durcheinander. Sie können aber auch Türen öffnen, die uns bisher verschlossen waren. Damit ist noch kein Problem gelöst. Aber neue Aus-Wege werden möglich.

Zur Ruhe kommen

Kommt alle zu mir, die ihr mühselig und beladen seid!
Ich will euch erquicken ...
und ihr werdet Ruhe finden für eure Seele.
MATTHÄUSEVANGELIUM 11,28

Viele kennen diesen tröstlichen Satz aus dem Munde Jesu. Den Menschen seiner Zeit, von vielen Nöten geplagt, lädt er nicht neue Lasten und Anforderungen auf. Er spricht davon, dass seine Last leicht ist und er den Menschen Erholung und Ruhe ermöglichen möchte. Die vorhandenen Lasten werden nicht weggewischt, doch kommen keine neuen hinzu.

Viele sind es gewohnt, in belastenden Situationen erhöhte Aktivität zu entwickeln, manchmal fast panisch. Was ist zu tun? Wie reagiere ich? Welche Hebel setze ich in Bewegung? Solche Fragen versetzen Menschen in den

Stressmodus. Oft wäre es auch fatal, angesichts bedeutsamer Schwierigkeiten nicht aktiv zu werden. Was hielten wir von Manager:innen oder Politiker:innen, die in der Krise die Hände in den Schoß legen? Welchen Eindruck hinterlassen Ärzt:innen, die in der kritischen Situation von Patient:innen nicht schnell reagieren?

Doch oft genug sehen wir auch, wie wichtig es ist, dass Menschen angesichts einer Krise nicht die Übersicht verlieren. Wie es darauf ankommt, die Ruhe zu bewahren, nachzudenken, das Problem nicht durch eine Überreaktion zu verschärfen. Wichtiges kann in solchen Aktivitäten übersehen werden.

Gerade in der persönlichen Krise kommt dieser Ruhe große Bedeutung zu. Als mich 1994 der Anruf erreichte, dass sich meine Frau in einem lebensbedrohlichen Zustand befand, machte ich mich von Bayern aus sofort auf den Weg zum Flughafen, um nach Berlin zu kommen (»Wenn alles anders kommt« s. S. 31). Dort musste ich warten, weil der Flug witterungsbedingt Verspätung hatte. Bei aller Bedrängnis – mir blieb nichts anderes übrig, als am Gate zu sitzen.

In dieser erzwungenen Ruhe spürte ich, wie ich meine Gedanken sammelte. Ich plante mein Vorgehen nach der Ankunft. Ich durchdachte aber auch die Szenarien, die nun Wirklichkeit werden könnten. Ich machte mir klar, dass sich in den nächsten Stunden mein gesamtes Leben ändern könnte. Mir wurden meine innere Unruhe und die bedrohliche Angst bewusst, aber auch die Anforderung, mit Blick auf meine Familie den »Kopf nicht zu verlieren«. Diese Zeit am Gate und die Stunde im Flugzeug erwiesen sich für mich als wichtiger Prozess. Sie hat sich sehr eingeprägt und im Nachhinein betrachte ich sie als wichtige Hilfe bei der Bewältigung der hohen Belastungen, die folgten.

Das Bild aus dem »Totentanz« von Angela Eberhard zeigt diese Ruhe sogar im Angesicht des Todes. Wie entspannt das Gesicht der Frau ist und wie behutsam und fast freundschaftlich der Tod sich annähert! Keine Flucht und keine Abwehr, sondern ein Anvertrauen. Hier ist die Geborgenheit größer als der Schrecken. Der nahe Tod kann in Ruhe angenommen werden.

In den vielen Sterbesituationen, die ich miterleben durfte, war es wiederholt eine tröstliche Wirklichkeit: Menschen haben die Nähe des Todes zugelassen und sich ihm anvertraut. Daraus erwuchsen Gelassenheit und tiefe innere Ruhe. Dies war für mich stets ein großes Wunder. Vielleicht hat das, was uns ängstigt, schmerzt und in Krisen stürzt, auch eine freundschaftliche Seite. Vielleicht schenkt es mir etwas Ruhe, wenn ich aus der Gegenwehr zu einer behutsamen Annäherung komme. Vielleicht erfahre ich wie die Frau in der Totentanzfigur, dass sich Anspannung und Kampf lösen können.

Ruhe ist die Voraussetzung, um uns selbst zu spüren und die persönliche Verfassung deutlich wahrzunehmen. Die eigene Leere, die Angst, aber auch die Bedürfnisse können sich mitteilen. Ruhe ermöglicht es, die Zusammenhänge und Auswirkungen eines Geschehens über das akute Ereignis hinaus zu sehen. Ruhe kann das Wirrwarr der eigenen Gedanken nach und nach klären und mir erste kleine Schritte bewusst machen, die ich nun gehen kann.

Biologie und Medizin wissen, wie wichtig neben Anstrengung und Übung die Entspannung und Ruhe für den Menschen sind. Pausenlosigkeit erschöpft Leib und Seele. Verdrängung des Schlafbedürfnisses erhöht die Gesundheitsrisiken deutlich. Permanente Unruhe dereguliert unsere natürlichen Prozesse, Stresshormone überfluten uns.

Ruhe und Pause sind im Alltag wichtig und eine unverzichtbare Fürsorge für das eigene Wohlbefinden. In hoch belasteten Krisensituationen gilt dies umso mehr. Das fällt nicht leicht, wenn bedrohliche Situationen vor uns stehen, wenn die Gefühle im Ausnahmezustand sind. Aber gerade dann ist der Weg in die Ruhe eines der wenigen Instrumentarien, das uns zur Verfügung steht. Ja, der Situation sind wir ausgeliefert, unsere Handlungsspielräume sind vielleicht erschöpft.

Die Möglichkeit aber, uns an einen stillen Ort zurückzuziehen und uns zu sammeln, bleibt uns allemal. Eine Ruhehaltung oder eine entspannte Form des Gehens können die Wellenschläge in uns abklingen lassen. Die Unterbrechung inmitten einer Erschütterung eröffnet die Chance einer Atempause. Schon wenige tiefe und langsame Atemzüge haben erwiesenermaßen eine positive Auswirkung auf akuten Stress. Hinter dem Vorschlag, erst einmal »tief durchzuatmen«, steht durchaus begründete Erfahrung.

Dies bleibt vielmals nicht folgenlos: Die Turbulenzen in uns verlangsamen sich vielleicht. Ein neuer Gedanke kann auftauchen, eine Vorgehensweise sich klären. Es können Dinge in den Blick genommen werden, die in einer ersten Reaktion übersehen wurden. Es wächst die Bereitschaft, die momentane Situation zu akzeptieren und in ihren Folgen klarer einzuschätzen. Vielleicht keimt eine Form von Hoffnung.

Die Zusage Jesu verknüpft die »Ruhe für die Seele« mit »Erquickung«. Dies zeigt einen wichtigen Zusammenhang. Wie oft hören wir von Ärzt:innen: »Die Patientin braucht Ruhe«, »Der Patient braucht Ruhe«. Patient leitet sich vom lateinischen *patiens* ab und meint *leidend, erduldend*. So gesehen werden wir in Krisen zu Patient:innen, für die Ruhe zum Heilmittel werden kann.

Kräfte stärken

was wäre der februar

ohne die ersten krokusse
ohne die ersten schneeglöckchen
ohne antonio vivaldis frühling
und in noch kahlen ästen
die jagd der eichkatzen
kostenloses schauspiel
im parkett meines zimmers
zu barocker musik
WILHELM BRUNERS

Menschen im Krisenmodus brauchen ungeheuer viel Kraft. Gehirn und Körperfunktionen sind im Ausnahmezustand.

Schlaf, Nahrungsaufnahme, Erholung und gesunde Bewegung kommen zu kurz. Freude und Zuversicht werden von Sorge, Angst und Grübeln überdeckt. Krisen führen in die Erschöpfung.

Ruhe und innere Sammlung können eine erste Gegenmaßnahme sein, davon wurde eben gesprochen. Weitere Möglichkeiten, unsere Kräfte zu unterstützen und neue Energien aufzutanken, stehen uns glücklicherweise offen.

In kritischen Lebensphasen laufen wir Gefahr, diese Möglichkeiten als nachrangig zu betrachten. Jetzt, in dieser schwierigen Situation, scheint es völlig unpassend zu sein, achtsame Maßnahmen für den eigenen Kräftehaushalt zu treffen. Das Gegenteil ist der Fall.

Der Verlust an Kräften verschärft jedoch die Krise. Wenn zur belastenden Situation Müdigkeit und körperliche Schwäche hinzukommen, wird der Leidensdruck größer. Die Hirnfunktionen, die für die Gefühle zuständig sind, aktivieren Angstprozesse und depressive Reaktionen. Energiemangel belastet Organ- und Körperfunktionen und unser Wohlbefinden leidet verstärkt. Der Mangel an Ressourcen fördert die Aggression.

Umgekehrt lässt sich vielfach aufzeigen, dass stärkende Handlungsformen ihre Wirkung zeigen. Schlaf und gesunde Ernährung verändern das Befinden ganzheitlich. Entschleunigter und ruhiger Atem entfaltet in wenigen Minuten Wirkungen auf das vegetative Nervensystem. Einfache Entspannungs- und Bewegungsübungen entfalten eine langsame, aber durchaus spürbare Wirkung. Der Mut, für eine Unterbrechung aus dem Sorgenkarussell auszusteigen, gedanklich und körperlich in eine andere Welt einzutauchen, lässt neue Sichtweisen zu. Oft können wir wieder durchatmen. Das, was uns bedrückt, verliert an Größendimension.

Stärkungen unserer Kräfte sind möglich. Sie haben auch eine individuelle Dimension. Daher ist es sinnvoll, sich in Ruhe zu fragen, was *mir* jetzt guttut, woraus *ich* ganz persönlich Kraft schöpfen kann. Dann kommt es darauf an, sich trotz aller Bedrängnisse die Freiheit zu nehmen, das Hilfreiche zu tun und dabei keinesfalls ein schlechtes Gewissen zu haben.

Es kräftigt uns, wenn wir in unserer Lebensumgebung, »*im Parkett meines Zimmers*«, Schönes und Lebensfrohes wahrnehmen und aufnehmen. Die kleinen Zeichen vor dem Fenster, die Sinnbilder des Lebens »*in noch kahlen Ästen*«.

Es kräftigt uns, wenn wir einen beruhigenden Spaziergang machen. Dies verstärkt sich, wenn wir dabei die Natur wahrnehmen und genießen: Vogelkonzert und Wind, Blüten und Düfte, Aussichten und Stille. Viele Untersuchungen untermauern dies. Auch die Begleitung durch ein Tier hat diese unterstützende Energie.

Es kräftigt uns, wenn wir uns Zeit nehmen, mit einer vertrauten Person zusammen zu sein und uns auszutauschen (»Verbindungen pflegen« s. S. 109). Eine körperliche Wohltat setzt Energien frei: sei es eine Massage, ein Saunagang, ein Entspannungsbad, Schwimmen im See ... Auch ein kulinarischer Genuss kann uns nähren und das nicht nur in physischer Hinsicht.

Es kräftigt, wenn wir uns einem einfachen Tun, einer aktiven Beschäftigung widmen: die Aussaat oder Pflege von Pflanzen im Garten, auf der Terrasse oder am Fensterbrett. Eine handwerkliche Arbeit in der Wohnung oder draußen. Das Musizieren auf einem Instrument oder auch das Singen in einem Chor. Kleine (oder auch größere) Veränderungen in der Gestaltung der Wohnung. Ein neues Rezept ausprobieren. Viele Wege führen dazu, dass wir aus der Passivität herausgehen und in unsere nahe Lebenswelt verändernd eingreifen. Dies vermittelt die Erfahrung von Selbstwirksamkeit und stärkt das Vertrauen in unsere Möglichkeiten.

Das Alte Testament erzählt vom Propheten Elija, der nach bitteren Niederlagen in eine tiefe Krise gerät und den Lebensmut verliert (1 Könige 19). Unter einem Ginsterstrauch schläft er lebensmüde. Der Engel Gottes weckt ihn und fordert ihn auf, zu essen und zu trinken. Er findet Brot und Wasser, also keine reich gefüllte Speisekarte, sondern das Not-wendige. Er stärkt sich und schläft wieder. Ein zweites Mal wird er aufgefordert, sich zu stärken für einen weiten Weg. Dann bricht er auf und wandert lange durch die Wüste, bis ihm am Berg Horeb eine neue Sicht für die Gegenwart Gottes eröffnet wird.

Die lange Wüstenwanderung wird nicht vermieden, die Krise löst sich nicht in Luft und Wohlgefallen auf. Aber aus der Stärkung erwächst – nicht auf einmal, sondern nach und nach – die Kraft, zu einem neuen Ziel aufzubrechen. Die Kräfte der eigenen Ressourcen sind da und wir dürfen uns auf sie verlassen. Sie geraten allerdings in »Energiekrisen«, wenn die Lasten des Lebens übermächtig werden. Die Möglichkeit, diese Kraftquellen zu stärken, kann uns zu kleinen Schritten ermutigen. Daraus können Flügel erwachsen.

Entscheidungen treffen

Es gibt nur zwei Tage in deinem Leben,
an denen du nichts ändern kannst.
Der eine ist gestern,
der andere morgen.
DALAI LAMA

Der Weisheitsspruch des Dalai Lama ist weit verbreitet und ziert als Spruchkarte viele Pinnwände. Er ermutigt Menschen, das »Jetzt«, den heutigen Tag, als die Zeit ernst zu nehmen, in der Veränderung geschehen kann.

Krisen sind manchmal gekennzeichnet vom vorwurfsvollen Blick zurück: »Hätte ich doch ...«, »wäre ich doch ...«. Zurückliegende Ereignisse werden kritisch reflektiert, falsche Entscheidungen bedauert. Hadern und Selbstvorwürfe machen sich breit. Allein – es ist vorbei. Wir können viele Ereignisse nicht mehr ungeschehen machen. Und oftmals lassen sich auch Fehler nicht mehr korrigieren. Was geschehen ist, ist geschehen.

Der Blick geht auch oft in die Zukunft: »Sobald ich kann, werde ich ...«, »ich könnte ...«, »ich wünsche so sehr ...«. Der Blick nach vorn weitet oft den Horizont, vermittelt wieder Perspektiven und kann neue Wege skizzieren. Er bleibt aber oft vage und zeitlich unbestimmt. Das Wunschdenken dominiert, doch die Wirklichkeit holt mich schnell wieder auf den Boden der Tatsachen zurück. Und wie das Morgen dann wirklich ist – ich weiß es nicht.

Der Dalai Lama sieht im heutigen Tag die Zeit für Veränderung. Heute kann ich etwas abschließen und hinter mir lassen. Heute kann ich einen hilfreichen Kontakt aufnehmen. Heute kann ich einen wichtigen Termin vereinbaren. Heute kann ich ein überfälliges Gespräch führen, einem Menschen meine Zuwendung zeigen, jemandem mein Herz ausschütten. Jetzt und heute einen Schritt zu wagen – das kann der Anfang eines Weges sein. Eine ermutigende Erfahrung.

Doch dies setzt Entscheidungen voraus. Wir fällen tagtäglich Hunderte von Entscheidungen, die meisten unbewusst, viele in blitzschneller Vorgangsweise. Andere bedürfen einer gewissen Überlegung, Gründe sind abzuwägen und Folgen zu bedenken. Und manche Entscheidung muss reifen, beschäftigt uns über einen längeren Zeitraum, denken wir an Berufsentscheidungen oder bedeutsame familiäre Weichenstellungen. Wenn Entscheidungen bewusst getroffen sind, hat dies meist eine befreiende Wirkung.

Es ist ein Symptom vieler Krisen, dass Menschen in eine lähmende Unentschiedenheit verfallen. Die Kräfte sind so gebunden oder gemindert, dass selbst alltägliche Entscheidungen schwerfallen. Ein lähmender Zustand macht sich breit, alles wird zu viel. Der Berg unbewältigter Dinge vergrößert sich dadurch Tag für Tag.

Für eine absehbare Zeit mag es hilfreich sein, diesen Zustand zu akzeptieren, die eigene Kraftlosigkeit zuzulassen. Ich habe es in Begleitungen hoch belasteter Menschen zuweilen erlebt, dass sie regelrecht beflügelt waren, wenn ich ihnen sagte, dass sie in der derzeitigen Lage überhaupt nichts entscheiden müssen. Es kann wichtig und hilfreich sein, nicht funktionieren zu müssen. Schwere Erschütterungen bedürfen auch der Ruhe, die nach dem Sturm kommt und in der nicht sofort erneut Erwartungen an mich wichtig werden.

Doch diese beruhigende Phase kann unbemerkt in den lähmenden Zustand übergehen. Dann geraten Gedanken und Gefühle oft in einen Kreisverkehr ohne Ausfahrt. Dann drohen die Lasten noch bedrückender zu werden. Das ist die Zeit, in der Entscheidungen zu treffen sind, auch wenn es nur kleine sind.

Wenn ich über den Ablauf meines Tages eigene Entscheidungen treffe, bin ich es, der lebt. Dann werde ich nicht gelebt. Wenn ich mich zu bestimmten Handlungen entscheide, bin ich es, der handelt. Ich werde nicht behandelt. Wenn ich entscheide, greife ich in mein Leben ein, verändere ich manche Richtung. Ich werde nicht getrieben.

Entscheidungen geben mir die Möglichkeit, mich in meinem Selbst zu erfahren. Ich begegne mir in meinen Bedürfnissen und Möglichkeiten. In Entscheidungen setze ich mich mit Situationen auseinander und spüre, dass mich die Situation nicht mehr so vollkommen beherrscht. Entscheidungen aktivieren die Gestaltungskraft für meinen Weg. Sie stehen dem Verlust der Autonomie entgegen.

In tiefen Tälern des Lebens fallen Entscheidungen oft schwer. Nach dem Verlust des Partners eine andere Wohnung suchen – eine große Herausforderung. Nach einer Trennung die berufliche Veränderung wagen – ein kraftraubendes Vorhaben. In einer schweren Krankheit manche Lebensgewohnheit loslassen – ein schmerzlicher Schritt. Vielleicht reicht die Kraft dazu noch nicht aus.

Daher ist es gut, kleine Entscheidungsschritte zu wagen, zu denen meine Energien ausreichen: einen Schrank oder ein Zimmer endlich (auf)räumen, den überfälligen Behördengang terminieren, den Behandlungstermin beim Arzt oder Zahnarzt vereinbaren. Entscheidungen müssen nicht unbedingt zu Erledigungen führen, sie können auch wohltuende Erfahrungen eröffnen: eine Einladung aussprechen, einen (kleinen) Ausflug unternehmen, mit einer kleinen Anschaffung sich selbst eine Freude bereiten, sich zu einem Kurs anmelden.

In Krisen sehnen wir uns nach Veränderung. Wer will schon in der Krise verweilen? Manche Veränderungen ergeben sich, andere kommen von außen. Doch niemals können wir Unbeteiligte bleiben. Unsere Offenheit, unser Entschluss, der zu einer Entscheidung führt, öffnet eine Tür, mindestens einen Spalt. Nicht gestern und nicht morgen.

Verbindungen pflegen

Rudern zwei
ein boot,
der eine
kundig der sterne,
der andre
kundig der stürme,
wird der eine
führn durch die sterne,
wird der andre
führn durch die stürme,
und am ende ganz am ende
wird das meer in der erinnerung
blau sein
REINER KUNZE

Das Schlussbild des Gedichts weckt positive Gefühle. Der Blick auf das blaue Meer, der weite Horizont im Sonnenlicht – fast ein Idyll. Ausdruck einer Sehnsucht. Doch zuvor steht eine Fahrt durch die Stürme. Die Wellen schlagen hoch, es herrscht schwerer Seegang und ein Weg durch die Nacht wird gesucht. Reiner Kunze verwendet in dieser Poesie einfache, aber aussagekräftige Bilder.

Über allem steht die Aussage: rudern zwei! Und diese beiden rudern gemeinsam durch Nacht und Sturm und sie führen sich gegenseitig. Kundig der Sterne – das ermöglicht Orientierung. Kundig der Stürme – das drückt Sicherheit im Umgang mit der Gefahr aus. Weil sie gemeinsam unterwegs sind, steht am Schluss nicht das Bild von Seenot, Untergang, Hilflosigkeit, sondern das blaue Meer.

Wie sehr wir Menschen aufeinander ausgerichtet sind und der Beziehung bedürfen, wurde bereits erläutert

(»Beziehungen in verändertem Licht« s. S. 70). Diese Grundbestimmung des Menschen umfasst unsere ganze Person, Leib und Seele, bildet sich bis in die Biologie hinein ab. Gerade weil soziale Einbindung so grundlegend ist, erscheint sie vielleicht zuweilen als allzu selbstverständlich. Wenn sich dann Lebensbrüche ereignen, Verluste erlitten werden oder Zerwürfnisse uns belasten, wird bewusst, wie wenig selbstverständlich tragende mitmenschliche Verbindungen sind. Wenn dann noch hinzukommt, dass sich gerade in der Krise Menschen abwenden, niemand zur Seite steht und wir uns verlassen fühlen, kann der Schmerz übergroß werden.

Dies muss nicht so sein. Wenn wir uns immer wieder bewusst machen, dass die Nähe vertrauter Menschen sich nicht »einfach so« ergibt, sondern der Pflege und der Achtsamkeit bedarf, können wir tragende Verbindungen festigen. Wir schaffen so die Möglichkeit, dass wir in stürmischen Lebensetappen nicht allein rudern müssen.

An vielen Krankenbetten und in der Begleitung zahlreicher von Krisen erschütterter Menschen durfte ich die Erfahrung machen, welch heilsame und stärkende Kraft von der Nähe verlässlicher Menschen ausgeht. Oft habe ich den Satz gehört: »Ohne ... hätte ich schon längst aufgegeben.« Wo sich eine Hand entgegenstreckt, finden Menschen in Krisen einen Halt. Wo ein offenes Ohr Anteilnahme zeigt, schwindet die Bitternis von Verlassenheit. Wo Verständnis und Einfühlungsvermögen spürbar werden, wachsen Zuversicht und Vertrauen. Wo ein offener und ehrlicher Austausch stattfindet, können sich Wege durch Nacht und Sturm eröffnen.

In der Erschöpfung einer Krise mag es ungeheuer schwerfallen, sich an einen Menschen zu wenden, jemanden »mit ins Boot« zu holen. Daher ist es so hilfreich, wenn wir gute mitmenschliche Verbindungen nicht nur als »Notfallkoffer« betrachten, sondern im Alltag beachten und pflegen. So wächst eine Ressource, auf die wir zurückgreifen können. Sie wird dafür sorgen, dass wir nicht allein rudern.

Gerade in der Erfahrung von schmerzlicher Verlassenheit kommt mitmenschlichen Kontakten eine hohe Priorität zu. Der Schritt aus der eigenen Not auf andere Menschen zu sollte uns die erforderliche Kraft wert sein. Denn die Kräftigung, die wir dadurch erfahren können, ist ungleich größer.

Ich habe erlebt, wie schwierig es ist, Menschen nach einem schweren Verlust zum Besuch einer Trauergruppe zu bewegen. Doch die Begegnung mit Betroffenen in ähnlichen Situationen wurde oft zu einem hilfreichen Anker. Patient:innen haben mir erzählt, wie viel Überwindung es kostet, nach einer schweren Erkrankung in eine Selbsthilfegruppe zu gehen. Sie berichten aber auch davon, wie sie sich auf die regelmäßigen Treffen freuen, wie Freundschaften erwachsen sind. Angehörige zögern oft lange, den Kontakt zu einem Hospizdienst für die Begleitung eines Familienmitgliedes zu knüpfen. Im Nachhinein kommt es oft zu der Äußerung, dass aus solch einer Verbindung viel Unterstützung und hilfreiche Nähe erwachsen ist.

Tief verwurzelte Verbindungen zu nahen Menschen, aber auch Begegnungen in neuem Umfeld verdrängen nicht die Nacht und stillen nicht den Sturm. Aber sie überwinden eine der schlimmsten Nöte: die Isolation. Sie bereichern, bringen neue Impulse in meine Situation, erweitern den Horizont. Wir schenken uns gegenseitig Erfahrungen und Begleitung und können uns so zur ergänzenden Hilfe werden.

Dies ist ein lebendiges Geschehen, aus dem sich viel entwickeln kann. Auch die Erfahrung, dass das unheimliche, aufgewühlte und bedrohliche »Meer« in meiner Sichtweise irgendwann blau sein wird.

Hilfe zulassen

*Man braucht nur eine Insel
allein im weiten Meer.*

*Man braucht nur einen Menschen,
den aber braucht man sehr.*

MASCHA KALÉKO

»Nein, nein – es geht schon ...«, dieser Satz ist so oft zu hören! Und ich erinnere mich, ihn selbst gesagt zu haben, als Menschen mir Hilfe anboten. Warum eigentlich? Es stimmte ja gar nicht. Es »ging« überhaupt nicht, sondern ich war höchst angespannt. Alles drohte zu viel zu werden. Ich wusste nicht, was zuerst geschehen sollte. Und doch diese Abwehrhaltung. Vielleicht um meine Hilflosigkeit zu überspielen? Oder keinen Einblick in meine komplexe Problemsituation zu gewähren? Wollte ich keine Schwäche zeigen? War ich mit mir so beschäftigt, dass die Nerven nicht ausreichten, auch noch andere einzubeziehen? Möglicherweise von allem etwas.

Die Abwehr angebotener Hilfe mag verständlich sein. Doch wir verschließen uns damit unnötig und halten mögliche gute Entwicklungen fern. Natürlich erscheint uns auch manches Hilfsangebot als übergriffig und unsensibel. Oberflächlicher Aktionismus ist selten hilfreich. Wir haben das Bedürfnis, erst für uns selbst klarzukommen, und brauchen Rückzugsmöglichkeit.

Doch in unserer Umgebung leben Menschen mit der ehrlichen Absicht, uns in unserer Problematik nicht alleinzulassen. Und sie haben ihr Lebenswissen, ihre Kräfte und ihre Möglichkeiten, um in meiner Situation eine Erleichterung erreichen zu können: einfache Hilfestellungen, die meine Belastungen vermindern, oder gute Gespräche, die meine Isolation durchbrechen. Kontakte, die in meiner Situation hilfreich sein können, oder Erfahrungen, die der meinen ähnlich sind. Kleine praktische Unterstützungen, die entlasten und wohltuend sind.

Die Abwehr von Hilfe richtet sich oft auch vehement gegen sogenannte »professionelle« Hilfe. Ärztliche oder therapeutische Angebote, Trauerbegleitung oder fachliche Unterstützung in der Pflege, Schuldenberatung, Pflegedienste und Erziehungshilfe sind nur wenige Beispiele eines Netzwerkes möglicher qualifizierter Hilfsangebote.

Mehr als einmal hörte ich Sätze wie »Ich bin doch nicht verrückt ...« oder »Die können mir auch nicht helfen ...«, mit denen Psychotherapie oder Begleitung in Krisensituationen abgewehrt wurden. Diese Angebote erscheinen wie zusätzliche Lasten. Man fürchtet die Schublade, in die man einsortiert wird. Und man hat Scheu, sich in einer sehr persönlichen Situation anderen gegenüber zu offenbaren.

Umgekehrt gibt es viele Rückmeldungen, wie dankbar Menschen im Nachhinein sind, Bedenken und Abwehrhaltungen überwunden zu haben. Sie durften erfahren, dass eine fachkundige Hilfe auf Wege begleitet hat, die sonst gar nicht erkannt worden wären. Sie konnten erleben, dass es in ihrer Lebenssituation Lösungsmöglichkeiten gab, auf die sie von selbst nicht gekommen wären. Und sie spürten oftmals, wie gut es allein tut, auf der Suche nach Perspektiven einen kompetenten Ansprechpartner zu haben.

Sowenig bestimmte Krankheiten mit Hausmitteln und Abwarten behandelt werden können, so wenig können ernsthafte psychische Krisen oder hoch belastende Lebenssituationen aus ausschließlich eigenen Kräften bewältigt werden. Es kommt stets auf unsere Bereitschaft, unsere Ressourcen und auch unsere Kräfte an – keine Hilfe ist gegen unseren Willen möglich. Aber es kommt auch darauf an, die Grenzen der eigenen Möglichkeiten zu akzeptieren und den großen Gewinn möglicher Hilfe dankbar anzunehmen. Sie kann zur Insel im großen Meer werden.

Dem Druck entgehen

"Man freut sich vor deinem Angesicht, wie man sich freut bei der Ernte ...
denn sein drückendes Joch und den Stab auf seiner Schulter,
den Stock seines Antreibers zerbrachst du ..."
JESAJA 9,2F

Krisen können uns vor sich hertreiben. Wir haben das Gefühl, die Kontrolle zu verlieren. Wie ein drückendes Joch liegen sie schwer auf unseren Schultern. Zu jeder beliebigen Zeit holen uns düstere Gedanken ein. Wir geraten in ein Fadenkreuz von Ängsten und ungelösten Fragen. Mitten in der Nacht weckt uns gedankliche Unruhe. Besonders das Aufwachen am Morgen ist geprägt von Sorge und Befürchtungen. Wir fühlen uns getrieben und »nieder-geschlagen«.

Der Text aus dem Alten Testament ist manchen aus der Weihnachtsbotschaft bekannt. Die Aussagen beziehen sich auf das Kind, das zur Rettung Israels geboren wird. Über diese erlösende Figur wird eine wichtige Aussage gemacht: Sie zerbricht den Stock des Treibers. Die Unterdrückung jedweder Art zu überwinden, ist ein zentrales Anliegen biblischer Texte.

Menschen in schwierigen Lebens- und Belastungssituationen empfinden oft ein »Muss«. »Ich muss ...«, »ich sollte ...«, »ich habe unbedingt noch zu erledigen ...«, »ich darf nicht versäumen ...« – solche und ähnliche Äußerungen sind häufig. Ein Handlungsdruck baut sich auf, das Unerledigte und Ungelöste türmt sich bedrohlich auf. Das Gewicht der Lasten ist schwer und erdrückend.

In einer Situation schwerer Bedrängnis antworte ich solchen Menschen manchmal: »Sie *müssen* jetzt gar nichts. Kommen Sie erst mal zur Ruhe. Lassen Sie den Sturm vorüberziehen.« Unter Druck und als Getriebene laufen wir Gefahr, panische und unüberlegte Entscheidungen zu treffen. Die Situation kann dadurch noch komplizierter werden.

Auch wenn es manchmal schwerfällt und schier unmöglich erscheint: Es hilft uns, den Druck aus der Situation zu nehmen. Es ist ein wirksamer Schritt, sich nicht mehr antreiben zu lassen, *den Stock des Treibers zu zerbrechen.*

Das meint nicht, in völlige Passivität zu fallen und willenlos alles über sich ergehen zu lassen. Ganz im Gegenteil: Es fordert viel Willenskraft, sich ganz bewusst eine Zeit zu nehmen, in der man keine Entscheidungen fällt, keine Aktivitäten umsetzt, sich nicht unter Druck setzen lässt. Doch so verschaffen wir uns einen Schonraum, in dem wir Stress und höchste Anspannung für eine bestimmte Frist abbauen und hinter uns lassen können. Gerade dann lassen sich Gedanken sortieren und realistische Ziele finden.

Natürlich redet sich jemand leicht, der nicht selbst in dieser Drucksituation steht. Doch es geht nicht um einen wohlfeilen Ratschlag, sondern dahinter stehen konkrete Erfahrungen, zum Beispiel einer jungen Frau, die in eine gesundheitliche Krise geriet und in ihrem fordernden Beruf zeitweise ausfiel. Ihr wurde seitens der Firma ein kurzfristiges Ultimatum gestellt, innerhalb dessen sie eine Lösung für anstehende Projekte liefern sollte. Sie sah sich nicht in der Lage und zog sich für einige Tage an einen einsamen Ort zurück. Nach wenigen Tagen war ihr klar, dass sie in einer

Firma mit solchen Prinzipien nicht mehr arbeiten möchte. Sie kündigte und nach einigen Monaten fand sie eine – zugegebenermaßen weniger gut bezahlte – Arbeit. Bis heute fühlt sie sich dabei wohl.

Dies ist nur ein Beispiel dafür, wie die schwierige und kraftraubende Entscheidung, einen Druck nicht weiter aufzubauen, verändern und entlasten kann. Druck treibt uns in die Enge und damit vielleicht zu Schritten, die uns eigentlich widerstreben. Gehetzt und getrieben geraten wir in Situationen, deren Folgen wir kaum abschätzen können. Eine Problematik wird dadurch nicht selten verschärft. Wer zumindest für eine gewisse Zeit dem »*Stock des Treibers*« entgeht, kann Entscheidungen und Vorgehensweisen wohlüberlegt reifen lassen. Wir übernehmen wieder – wenigstens in Teilbereichen – das Steuer auf unserem Weg.

Ganz persönlich: Wenn das Schicksal die Leichtigkeit nimmt – Als Kind und Jugendlicher Krisen bewältigen (Clemens Epp)

Wenige Jahre nach der deutschen Wiedervereinigung bin ich in einem kleinen Dorf am Rande des Allgäus geboren. Bereits früh zeichneten sich Umrisse ab, die mir in meinem Leben sowohl Schmerz und Ängste als auch Orientierung und Ansporn sein sollten.

Der frühe Tod meiner Mutter sorgte für eine sehr spezielle Familienkonstellation. Da waren die zwei Geschwister, von denen eine mit einer bis zu ihrem Lebensende unbekannten und stets unberechenbaren »Behinderung« gezeichnet war. Da war meine im selben Haus wohnende Großmutter, die mit ihrem unwiderstehlich depressiven Charme zwar keine gute Laune in die Familie brachte, jedoch in der Alltagsbewältigung und im Kochen die Zuneigung ausdrückte, die sie als von der Kühle der Kriegszeit geprägte Frau verbal nicht zu artikulieren vermochte. Und da war mein Vater. Eingespannt in Arbeit, Erziehung und Haushalt, musste er nebenbei seiner eigenen Trauer begegnen und uns Kindern emotionalen Halt geben.

Obwohl sich die Ausgangslage somit alles andere als optimal darstellte, würde ich meine Kindheit rückblickend als intensiv und glücklich beschreiben. Einige wertvolle Begebenheiten sind vor diesem Hintergrund in meiner Erinnerung besonders präsent.

Für uns Kinder war es ein großer Schatz, eine interessante Welt außerhalb des eigenen Schicksals zu erfahren. Die hart erarbeiteten gemeinsamen Familienausflüge ins

Schwimmbad, auf Berge, in Städte, Konzerte und Restaurants waren ein Geschenk, von dem ich bis heute zehren kann. Es zeigte sich auch, dass die Behinderung meiner Schwester zwar Entbehrungen und manchen Schrecken mit sich brachte, uns jedoch nicht hindern konnte, eine erfüllte Kindheit zu erleben.

Zwar durfte ich in meiner Jugend nicht wie die anderen Fußballer auf Muttis Apfelschnitze am Spielfeldrand und hysterische Anfeuerungslaute hoffen. Aber da mir der Wettkampf schon immer fremd war – die tägliche Auseinandersetzung mit der Behinderung meiner Schwester erlaubte mir einen gelassenen Blick auf die Aussagekraft von Wettkämpfen –, konnte ich darauf jedoch auch gut verzichten.

Eine leichte und heilsame Brise kam in die Familie, als die neue Lebenspartnerin meines Vaters in unser Leben trat. Glücklicherweise entstand sehr schnell eine warmherzige und natürliche Verbindung zu ihr. Aus den anfänglich noch sporadischen Treffen erwuchs nach und nach eine immer konstanter werdende familiäre Bindung, die uns als kleine Familie und mich als heranwachsenden Jungen stärkte.

Ein wahrer Segen für uns Kinder war »Fritzi« – eine im besten Sinne besondere Kinderfrau. In ihr begegnete uns ein Mensch mit nicht zu bändigender Kreativität und unverwüstlichem Erfindergeist. Ihr unkonventioneller pädagogischer Stil und ihre Fähigkeit, sich mit Kindern auf Augenhöhe zu begeben, prägen noch heute in vielerlei Hinsicht mein pädagogisches Selbstverständnis als Sozialpädagoge.

Fritzi stand in einem wunderbaren Kontrast zum Alltag der Schule. Der Stil einiger Lehrer:innen und der ständige Leistungsdruck setzten mir körperlich und geistig stark zu. Große Teile meiner Kreativität und meiner Lebensfreude drohten zu ersticken.

Ein Glück für uns Kinder war dabei die leistungsunabhängige und bedingungslose Annahme durch die für unsere Erziehung verantwortlichen Menschen. Heute ist mir bewusst, dass damit eine wichtige Weiche für mein Leben gestellt wurde. Wettkampf und Leistungsdruck traten zugunsten eines aufrichtigen Interesses an der Welt und den Mitmenschen in den Hintergrund.

Ein tiefer Einschnitt in meinem Leben war der Tod meiner Schwester.

Schon als Grundschulkind musste ich, selbst ohnmächtig, durch ein Fenster in der Aula den ersten epileptischen Anfall meiner Schwester miterleben. Die Behinderung meiner Schwester sorgte im Laufe der Jahre immer wieder für Momente der Angst und Verzweiflung. In Verbindung mit dem frühen Verlust durch den Tod meiner Mutter prägten sich diese Erfahrungen tief in mich ein.

Meine Partnerin und meine engen Freund:innen können ein Lied davon singen, welches Sicherheitsbedürfnis oft bei mir durchbricht. Kein Unfug und keine Gelöstheit ohne die Frage nach dem »Worst-Case-Szenario«.

Und dann erreichte mich die Nachricht, dass meine Schwester im Sterben liegt. Morgens nach einer durchzechten und geselligen Nacht in meiner WG während des Studiums. Die Unfassbarkeit des plötzlichen Todes überkam mich in seiner ganzen Wucht und legte sich über alle Gefühle, die mir vorher so selbstverständlich erschienen. Die unbeschwerte Leichtigkeit und meine scheinbar endlose Energie kamen mir abhanden.

Gott sei Dank fand ich neben all der Erschütterung, den verpassten Prüfungen an der Hochschule und absurden Stunden, in denen ich mich von niemandem verstanden fühlte, Halt in meiner Familie. Das Zusammensitzen und

Reden, das bewusste Erinnern und gemeinsames Weinen und Lachen schweißten uns sehr zusammen.

Nicht zuletzt die vertraute und starke Verbindung zu meiner anderen Schwester, die in vielerlei Hinsicht meine Lebensgeschichte und dadurch vielleicht auch meinen Humor teilt, brachten Mut und Heiterkeit in düster gefärbte Tage.

Einen enorm positiven und hilfreichen Einfluss auf meine Lebenseinstellung hatte auch die Zeit des Studiums. Als Lebensphase, die von verhältnismäßig großer Freiheit gekennzeichnet war, genoss ich die vielen Entfaltungsmöglichkeiten und die zahlreichen Chancen, die eigenen Lebensentwürfe zu gestalten. Befreit von den schulischen Zwängen konnte ich im Studium meinen Interessen nachgehen und die Erfahrung inspirierender Freundschaften machen.

Durch die anfänglich gar nicht so ernst gemeinte Gründung einer Band entdeckte ich meine Leidenschaft für die Musik. Durch sie fand ich plötzlich, ohne jemals Noten zu beherrschen, einen Kanal, meine Emotionen auszudrücken. Die Freundschaften, die dadurch entstanden sind, haben nach wie vor große Bedeutung für mich.

Bis heute bietet mir das Musizieren einen Zugang zu tief liegenden Gefühlen und eine Möglichkeit, meine Kreativität auszuleben. Da Musik nicht zwingend auf eine grammatikalische Sprache angewiesen ist, können auch Gefühle und Stimmungen, für die es keine Worte gibt, ausgedrückt werden. Auch wenn die Sprachlosigkeit gegenüber vielen Erfahrungen bleibt, tut es gut, manchen Eindrücken eine ganz eigene Harmonie, eine eigene Note aufzuprägen. Diese Selbstwirksamkeit schafft in manchen Stunden eine unvermutete Zuversicht.

Auf der Suche nach Sinn

Immer wieder suchen

Ich bin ein Sucher
Eines Weges.
Zu allem, was mehr ist
Als
Stoffwechsel,
Blutkreislauf
Nahrungsaufnahme,
Zellenzerfall.
Ich bin ein Sucher
Eines Weges
Der breiter ist
Als ich.
Nicht zu schmal.
Kein Ein-Mann-Weg.
Aber auch keine
Staubige, tausendmal
Überlaufene Bahn.
Ich bin ein Sucher
Eines Weges.
Sucher eines Weges
Für mehr
Als mich.
GÜNTER KUNERT

Günter Kunerts (1929–2019) Gedicht ist über sechzig Jahre alt und spricht für sich. Suche wird als lebenslanger und die ganze Person betreffender Prozess verdichtet zum Ausdruck gebracht. Zwei Begriffe begleiten den Sucher: »mehr« und »Weg«.

Ein Leben lang suchen wir unseren Weg. So, wie wir bereits die Krise mit einem Weg durch die Wüste verglichen haben, so ist der »Weg« eines der markantesten Symbole für das Leben überhaupt. Die Suche nach Geborgenheit, nach Freunden und guten Begleitern, nach dem Beruf und einem erfüllten Tun ist uns allen vertraut. Wir suchen nach Lösungen bei Problemen, nach Gleichgesinnten im Engagement, nach kompetenten Beraterinnen, Ärzten und Fachleuten. Wir machen uns auf die Wohnungssuche, halten Ausschau nach einem passenden Lokal, nach einem Termin für das, was uns wichtig ist. Unser ganzer Lebensweg ist von Suche durchzogen, auch wenn es sich sehr wandelt, was und wie wir suchen.

Der Dichter formuliert eine klare Erwartung: Er sucht einen Weg »*zu allem, was mehr ist* ...«. Nahrungsaufnahme, Blutkreislauf und Stoffwechsel – das, was unbewusst und scheinbar selbstverständlich ist, genügt ihm offensichtlich nicht. Er sucht mehr. Und er geht noch weiter: *mehr als* »*Zellenverfall*«, als das biologische Gesetz der Vergänglichkeit. Natürlich gesetzte Horizonte bilden nicht den Ausblick und die Sehnsucht des Lebens ab.

Die Suche, von der das Gedicht spricht, weist über das Vordergründige hinaus, will über Alltag und dessen Vergänglichkeit hinausgehen. Und von dem Weg, der da gesucht wird, hat der Dichter eine klare Vorstellung: Der Weg soll mehr sein als er selbst. Nicht zu schmal und vereinzelt. Aber auch nicht zu breit und zur Gewohnheit geworden.

Suchen bleibt uns zu keiner Zeit des Lebens erspart. Und gerade in tiefen Krisen wird diese Suche intensiv und auch bedrängend. Wir suchen nach Gründen für das, was uns das Leben so schwer macht. Wir suchen nach Auswegen und

Perspektiven. Und wir suchen nach Antworten. Wir möchten einen Sinn erahnen; die offenen und schmerzenden Fragen lassen uns nicht in Ruhe. Dabei wird uns deutlich, dass wir »mehr« suchen als eine faktische Information, mehr als eine Technik zur Problemlösung. Wie oft erleben wir, dass Antworten, die im Augenblick ausreichend erscheinen, schon bald wieder hinterfragt werden. Unsere innere Suche lässt sich nicht an die Kette legen.

Es bleibt offen, ob und was wir finden. Es gibt Menschen, die an einen Punkt kommen, wo sich eine Antwort auftut, die ihnen neuen Mut und inneren Frieden gibt. Doch es gibt auch diejenigen, die sich an den Fragen wund reiben, die bis zur Erschöpfung suchen und ratlos bleiben.

Dabei kann es helfen, die Suche nicht nur als Mittel zum Finden zu verstehen, sondern sie in ihrem eigenen Wert zu schätzen. Wer sucht, bleibt nicht in der Passivität. Suchende Menschen machen sich auf einen Weg, sie be-wegen sich und schaffen damit die Chance neuer Einsichten und Ausblicke. Sie folgen der Ahnung, dass es Antworten gibt, die sie noch nicht kennen. Sie widerstehen der Erstarrung.

Wer sucht, beobachtet die Umgebung genau, schaut auch auf versteckte Hinweise und schärft seinen Blick. So verändert Suche unsere Wahrnehmung, sensibilisiert uns. So kann es auch geschehen, dass wir etwas gänzlich Unerwartetes finden, das wir eigentlich gar nicht gesucht haben. Aber der Fund kann uns freuen und überraschen.

Als Suchende entdecken wir Bereiche, bei denen wir schnell begreifen, dass wir da nicht zu suchen brauchen. Vielleicht wird uns klar, dass wir auf dem bisherigen Weg manche Bereiche abgesucht haben, die wir uns jetzt ersparen. Möglicherweise erweist sich die bisherige Suche nach dem rechten äußeren Schein, nach schnellem Applaus aus unserer Umgebung, nach Statussymbolen oder schnellem Konsum auf einmal als nicht mehr sehr bedeutsam.

Wer sucht, entwickelt Neugierde, bleibt offen und empfänglich. Vielleicht bleiben Antworten lange im Dunkeln, stochern wir im Nebel. Doch wenn wir Suchende bleiben, kann uns jeden Augenblick ein Fund überraschen. Durch die Suche öffnen wir uns oft unbemerkt.

Der Tod meiner behinderten Tochter hat für mich unendlich viele Fragen aufgeworfen und bleibenden Schmerz verursacht. Doch schon zu Zeiten ihrer schweren Erkrankungen blitzte in mir manchmal der Gedanke auf, dass ich mich vielleicht auf ihren Tod einstellen muss. Und damit verbunden war das Gefühl, dass der Schmerz des Verlustes eher mir zuzumuten ist als umgekehrt meiner Tochter. Dass es seinen Sinn haben kann, dass sie vor mir geht.

Bis heute schmerzt der Abschied und stelle ich mir Fragen. Doch die Einsicht, dass ihr der Schmerz des Verlustes erspart blieb, tröstet mich und hat die Trauer positiv begleitet. Und dabei ist mir auch aufgegangen, dass ein großer Druck von mir gewichen ist. Ich muss nach keiner Lösung suchen, was denn sein könnte, wenn mir etwas passiert. Nach wie vor bleibe ich ein Sucher, aber ich habe auch eine hilfreiche Antwort gefunden.

Alle vier persönlichen Berichte in diesem Buch sprechen von solcher Suche in kritischen Lebensprozessen. Sehr unterschiedlich, der eigenen Person und der Situation entsprechend. Vielleicht können sie Mut machen, die eigene Suche nach einem »Weg« und nach »mehr« immer wieder aufzunehmen.

Den inneren Menschen gestalten

*Gott gebe euch aufgrund des Reichtums seiner Herrlichkeit,
dass ihr in Bezug auf den inneren Menschen
durch seinen Geist an Kraft und Stärke zunehmt.
Durch den Glauben wohne Christus in euren Herzen,
in der Liebe verwurzelt und auf sie gegründet.*
BRIEF AN DIE EPHESER 3,16F

Früh im Leben lernen wir, unsere Rollen zu spielen, Erwartungen zu erfüllen. Imagepflege gehört zu den Grundqualifikationen. Die Art und Weise, wie wir uns darstellen, entscheidet über vieles. Bei der Partnersuche, bei Bewerbungen, im öffentlichen Ansehen. Outfit und Erscheinungsbild, Ausstrahlung und ein gewandtes Auftreten spielen eine große Rolle. Extra dafür gegründete Unternehmen widmen sich ausschließlich diesen Themen.

Das nach außen gerichtete Rollenspiel gerät manchmal zur Fassade. Wir lächeln, ohne gut gelaunt zu sein. Wir sind freundlich, entgegen innerer Ablehnung. Wir geben uns souverän, trotz innerer Ängste. Wir inszenieren uns selbst und finden stets neue Möglichkeiten, die Außenwirkung zu verbessern. Selbstoptimierung ist längst zum gängigen Schlagwort geworden. Die Selbstdarstellung in den sozialen Medien entwickelt ihre eigenen Gesetze. So erlernt man früh, ein Bild von sich zu entwickeln, das man als Ideal stilisiert.

In den schweren Wüstenetappen des Lebens, in den Erschütterungen und Brüchen fällt diese Fassade manchmal in sich zusammen. Die schmerzliche Wirklichkeit verwischt die mühsam aufgetragene Schminke. Masken fallen und die äußere Hülle des Selbstbildes erleidet Schaden. Menschen spüren, dass sie innerlich Gedanken und Wesenszüge haben, die eine ganz andere Sprache sprechen. Vielleicht auch, dass sie sich und anderen etwas vorgespielt haben. Wir entdecken, dass zwischen dem »äußeren Menschen«, den wir dargestellt haben, und unserer »inneren Person« Unterschiede bestehen.

Vor dieser Erfahrung werden die nicht leicht verständlichen Aussagen zum »inneren Menschen« aus dem Epheserbrief im Neuen Testament etwas zugänglicher. Sie eröffnen eine wichtige Perspektive.

Hinter allen Fassaden und Verkleidungen, hinter der Inszenierung der Person, die wir nach außen gerne sein möchten, steht ein innerer Mensch, unsere wahre Persönlichkeit. Der bekannte Neurowissenschaftler und Psychiater Joachim Bauer hat die Selbststeuerung des Menschen aus verschiedenen Perspektiven untersucht (J. Bauer, Selbststeuerung. Die Wiederentdeckung des freien Willens, München 2015). Den tiefen Sinn der Selbststeuerung sieht er darin, das eigene und wahre Leben zu leben und zur ureigenen Identität zu finden. Damit berührt er ein Geschehen, das dem Impuls des Epheserbriefs nahekommt.

Dem Menschen ist die Gabe zu eigen, seine Identität mitzugestalten. Natürlich gibt es Bedürfnisse, biologische Vorgaben und Prägungen. Doch zugleich kann unser freier und selbstbestimmter Wille gestaltend auf unsere innere Persönlichkeit Einfluss nehmen.

Mir sind Menschen begegnet, denen in einer schwierigen Lebenssituation klar wurde, dass sie sich viel zu sehr nach den Rückmeldungen ihrer Umgebung gerichtet haben. Sie hören nun viel mehr auf das, was sie aus innerstem Herzen als wirklich wichtig erachten. Anderen wurde ein selbstzerstörerischer Lebenswandel bewusst und sie machten sich Schritt für Schritt auf einen Weg des achtsamen und fürsorglichen Umgangs mit sich selbst. In der langen

Rekonvaleszenz nach einem Unfall begegnete mir ein Mann mittleren Alters, den es tief beschäftigte, wie sehr er im Alltag doch seine Partnerschaft vernachlässigte. Viele Abende lang widmete er sich ehrlichen und aufrüttelnden Gesprächen mit seiner Frau.

Der Epheserbrief ermuntert uns, den inneren Menschen zu stärken. Und dazu benötigt er keine umfangreichen Verhaltensregeln und Trainingseinheiten. Er nennt zwei Wurzeln: den Glauben und die Liebe. Ein Wachstum an der Lebenshaltung des Vertrauens und eine liebevolle Ausrichtung des eigenen Lebens sind für ihn eine Teilhabe am »Reichtum Gottes«, der durch Jesus Christus begreifbar wird. Das Grundvertrauen und die Liebe können in kleinen Schritten unser Inneres wandeln.

Wenn wir nicht sofort urteilen, sondern hinhören und mehrere Sichtweisen zulassen, kann Gelassenheit wachsen. Sie ist die Schwester des Vertrauens. Wenn wir anderen nicht wertend, sondern wertschätzend begegnen, schaffen wir Raum für eine Form der Liebe. Wenn wir für kränkende und unheilvolle Gedanken in uns empfindsam werden, schaffen wir die Voraussetzung für ein verändertes Denken. Wenn wir dafür offen bleiben, dass vielleicht eine entscheidende Antwort auf quälende Fragen noch aussteht, halten wir Hoffnung in uns lebendig.

In Wüstenetappen unseres Lebens begegnen wir auf veränderte Weise uns selbst. Das ist wahrhaft kein Spaziergang. Die Chance, uns im Innersten zu kräftigen und vertrauend und liebend zu orientieren, kann heilsame Wege eröffnen.

Spuren der Zuversicht entdecken

Ring the bells that still can ring
Forget your perfect offering
There is a crack, a crack in everything
That's how the light gets in
LEONARD COHEN: ANTHEM

(Läute die Glocken, die noch klingen
Vergiss dein perfektes Opfer
Da ist ein Riss, ein Riss in allem
So kommt das Licht herein)

Der großartige kanadische Dichter und Songwriter Leonard Cohen (1934–2016) war zeit seines Lebens ein Sucher. Exzesse und Phasen des Rückzugs und der Meditation gehören zu seiner spannungsreichen Biografie. Dunkelheit, Widersprüchlichkeit und Krise waren ihm keineswegs fremd. Die Auseinandersetzung mit seiner jüdischen Herkunft, aber auch mit fernöstlichen Religionen und der Person Jesu sind ein roter Faden in seinem Werk.

Das Lied »Anthem« (Hymne), das zu seinen späteren Songs gehört, stellt sich dem Dunkel und den düsteren Lebenserfahrungen: Krieg und Scheitern, Gewalt und Freiheitsverlust. Und dann die wiederkehrende Aussage: Durch alles geht ein Riss, durch ihn kommt das Licht.

Die Welt in ihrer Gesamtheit und in ihrer ganz persönlichen Form lässt sich nicht unwahrhaftig schönreden. Zu vieles geschieht, das dunkle Schatten auf das Leben wirft, das Angst und Zweifel und tiefe Not auslöst. Nur wer den Bezug zur Wirklichkeit verliert, kann dies dauerhaft ausblenden. Dem schmerzlichen Riss begegnen Menschen in ihrer Lebensgeschichte auf zahllose Weisen.

Doch Leonard Cohen sieht genau in diesem Riss, in der Wunde des Lebens den Spalt, durch den Licht einfallen kann. Er widersetzt sich der Vorstellung einer undurchdringlichen Finsternis. Er verliert die Hoffnung nicht. Er fordert auf, die Glocken zu läuten, die noch klingen, nicht in der Resignation zu verharren. Das »*perfekte Opfer*« sollen wir vergessen. Es wäre eine Hybris, an die Lösung aller Probleme aus eigener Kraft und mit magischen Beschwörungsformeln zu glauben.

Die Übersetzung lässt auch die Deutung zu, auf die »*perfekte Selbstdarstellung*« zu verzichten. Gerade wenn wir die Risse in unserem Leben nicht übertünchen, werden sie transparent und durchlässig für veränderte Erfahrungen.

Der Riss, die schmerzliche Verletzung kann die Öffnung für neues Licht sein – das ist das poetische Bekenntnis des Dichters. Wo alles glatt und versiegelt ist, wird das Leben undurchdringlich und Neues kann nicht mehr keimen. Der Riss im Leben löst Schmerz und Krise aus. Er kann aber auch die Öffnung für Licht sein. Leonard Cohen ermutigt uns, an dieser Hoffnungssicht festzuhalten.

Es war ein Riss in meinem Leben, die Behinderung meiner Tochter zu akzeptieren. Da waren Einschränkung, Leid und Hadern. Aber aus dieser Erfahrung wuchs Verständnis für Menschen, die dem genormten Bild der Gesellschaft nicht entsprechen, die langsamer, weniger leistungsfähig und hilfsbedürftig sind. Ich möchte diesen Prozess der Sensibilisierung heute nicht missen.

Es war ein Riss für Angela Eberhard, eine akademische Karriere aufzugeben und die Grenzen ihrer seelischen Belastbarkeit zu akzeptieren. Aber in dieser Krise entdeckte sie für sich einen neuen Weg, der sie heute erfüllt. Neue Schaffenskraft und Ausrichtungen konnten sich entfalten.

Die wiederholte Krebsdiagnose war für Sigrid Losert ein Riss und löste einschneidende Veränderungen in ihrem Leben aus. Da zeigten sich Ängste und Bedrohlichkeit. Doch ihr Blick öffnete sich für neue Prioritäten. Ihre Lebensfreude wurde bewusster und entdeckte neue Quellen.

Es war ein tiefer Riss für meinen Sohn Clemens, Mutter und Schwester zu verlieren und mit dieser Verlustangst weiterzuleben. Doch die Begegnung mit Fritzi, die sich als Kinderfrau ihm annähern konnte, und sein ganz eigener Zugang zur Musik erschlossen ihm wichtige Erfahrungen, die sich als tragend gezeigt haben.

Schweres Schicksal lässt sich nicht durch die Betonung schöner Erfahrungen verklären oder auslöschen. Krisen hinterlassen ihre Spuren und Narben. Sie tun weh. Aber Krisen und Schicksal können durchlässig sein für neue Erfahrungen. Durch die dunkle Wolkenwand kann ein Lichtstrahl kommen. Die leidvolle Verletzung kann sich mit neuen Einsichten und Ausblicken verknüpfen. Und wider alle Bedrängnis darf sich vielleicht die Hoffnung einen Weg bahnen.

Die Tiefe des Lebens erahnen

DATEN

Diese präzisen Geräte
Deine Daten und meine
Mechanisch gespeichert
Zukunft ausgerechnet
Von tickenden stummen
Maschinengehirnen

Und noch immer der Brunnen
Der Stein der nicht aufschlägt
Auf den wir horchen
Der
Nicht aufschlägt.
MARIE LUISE KASCHNITZ

Das Gedicht gehört zu den späten Werken von Marie Luise Kaschnitz (1901–1974). Die Digitalisierung der Welt steckte noch ganz in den Anfängen, kein Vergleich mit den heutigen Möglichkeiten der Datenverarbeitung, des Internets und der künstlichen Intelligenz. Die Aussagen des Gedichtes muten fast prophetisch an.

Die Daten der Menschen sind umfassend gespeichert, präzise Geräte halten fest, berechnen, planen und wissen unglaublich viel über uns. Auch die Schicksale sind abgespeichert, haben eine Kennziffer, werden ausgewertet. Diese digitale Welt ist uns so selbstverständlich, dass wir sie vielfach schon gar nicht mehr bewusst wahrnehmen. Wir haben kaum Kenntnis von der Fülle der Daten, die über uns gespeichert sind.

Dieser Tatsache stellt die Dichterin ein uraltes Sinnbild entgegen: den Brunnen. Die einst unverzichtbare Wasserstelle, die elementare Quelle war Mittelpunkt der Dörfer und konsequent geschützt. Brunnenvergiftung galt als schweres Verbrechen. In den Märchen ist der Brunnen zum Sinnbild der Selbstfindung und des Zugangs zu tiefen, unbewussten Lebensquellen geworden. Denken wir an Frau Holle, den Froschkönig oder den Eisenhans.

Die Tiefe eines Brunnens wird gerne durch einen Steinwurf geschätzt. Die Zeit vom Wurf bis zum Aufschlag gibt Aufschluss darüber. Das Gedicht spricht davon, dass der Stein nicht aufschlägt, dies wird sogar wiederholt. Der elektronischen Verarbeitung all unserer Daten, der scheinbar völligen Berechenbarkeit unserer Lebenswirklichkeit wird eine unermessliche Tiefe des Brunnens gegenübergestellt. Was dies bedeutet, bleibt offen.

Das »*noch immer der Brunnen*« will klarstellen: Alle Planbarkeit und Verfügbarkeit im Leben können die Tiefe der Person und des Lebens nicht beiseiteschieben. Der Brunnen ist bleibende Realität, das Leben umfasst mehr als Algorithmen und Speicherkapazitäten. Da bleiben Fragen, die keine noch so raffinierte Rechenoperation beantwortet. Da sind Erfahrungen und Gefühle, deren Dimension die Datennetze durchbricht.

In solche Tiefen horchen Menschen auf der Suche nach Antworten und Lebensquellen hinab, die Sinn und Tragik ihres Lebens berühren. Antworten, die auf der Hand liegen, reichen dann nicht aus. Sie erscheinen buchstäblich zu oberflächlich. Gerade Krisen durchbrechen die nüchterne und berechenbare Welt. Sie führen an Abgründe und werfen Fragen auf, deren Beantwortung nicht abrufbar ist.

Der Stein schlägt nicht auf! Diese doppelte Aussage ist ein Bekenntnis der Dichterin: In unserem Leben kann sich eine Tiefe auftun, über deren Ausmaß wir keine Auskunft erhalten. Sie bleibt ein Geheimnis. Wir hören nichts und nehmen dennoch etwas wahr. Eine verborgene Wirklichkeit begegnet uns.

Karl Rahner, einer der prägenden katholischen Theologen des 20. Jahrhunderts, hatte in den Umbrüchen des letzten Jahrhunderts verstanden, dass die klassische Rede von Gott oft nicht mehr vermittelbar ist. Das moderne Denken gerät in viele Verständnisprobleme. Für ihn war das Geheimnis, das unser Leben umgibt und das sich hinter vielen Lebensfragen auftut, eine der Zugangsweisen zur Begegnung mit Gott. Die Unbegreiflichkeit und Unsagbarkeit auf der einen Seite und die Begegnung mit dem tiefen Geheimnis auf der anderen war für ihn eine zentrale Spur religiöser Erfahrung. Glaube bedeutet für ihn auch, die Unbegreiflichkeit Gottes ein Leben lang auszuhalten. Wäre er zu begreifen, er hätte in der Tiefe unseres Lebens keinen Raum.

Unbegreiflicher Nähe vertrauen

DER GUTE HIRTE

Der HERR ist mein Hirt, nichts wird mir fehlen.
Er lässt mich lagern auf grünen Auen und führt mich zum Ruheplatz am Wasser.
Meine Lebenskraft bringt er zurück.
Auch wenn ich gehe im finsteren Tal, ich fürchte kein Unheil;
denn du bist bei mir, dein Stock und dein Stab, sie trösten mich.
PSALM 23,1-4

Die Verse stammen aus einem der berühmtesten Gebete der Bibel und der jüdischen und christlichen Glaubenstradition. Tagtäglich wird es rund um den Erdball gesprochen und gesungen. Der Gewöhnungseffekt verleitet manchmal dazu, die Tiefe und Zuversicht des Textes zu überlesen.

Keine Glaubenslehren und keine Postulate stehen hier im Vordergrund, keine kraftraubenden Appelle und keine fordernde Moral. Jede Zeile des Psalms ist von Erfahrung durchdrungen. Nicht die eines Einzelnen, sondern Erfahrungen, die Menschen in unterschiedlichen Situationen zu verschiedenen Zeiten gemacht haben. Sie bündeln sich in diesem poetischen Gebet. Erfahrungen, die uns zur Teilhabe einladen und offen sind für unsere eigene Erfahrungswelt.

Das Leitbild ist der fürsorgliche Hirte, der für seine Herde da ist – für die Nomadenvölker im biblischen Lebensraum eine alltägliche Begegnung. Das Vor-Bild des Hirten zeigt aufschlussreiche Bezüge:
- Der Hirte treibt nicht an – er führt, sorgt und begleitet.
- Er bleibt nicht im Hintergrund – er geht voran und setzt sich selbst den Risiken aus.
- Er fordert nicht das Höchstmaß an Leistung und Disziplin – der Hirte schenkt Ruhe und Lebenskraft.
- In kritischen Phasen verschwindet er nicht – er geht mit und setzt sich ein.
- Der Stab schlägt und zwingt nicht – er verteidigt und tröstet.

Der Verfasser bringt gleich im ersten Satz zum Ausdruck, dass er vom HERRN spricht. Für die Israeliten die Umschreibung für Gott, den Unsagbaren. Stets bleibt das Geheimnis Gottes größer als alles, was Menschen begreifen können. Doch zugleich bekennt die Bibel durchgängig: Gott bleibt nicht unzugänglich. Er findet unendlich viele Wege, sich uns mitzuteilen. Er ist nahe und begegnet uns. Er bleibt fern und kommt uns doch nah.

Diese Nähe ist nicht verfügbar oder je nach Bedarf abrufbar. Daher schmerzt es so unglaublich, wenn nichts von dieser Nähe erfahren wird und alles Rufen und Flehen scheinbar folgenlos bleibt. Das ist manchmal kaum auszuhalten.

Und doch: Es gibt auch die Erfahrung der geschenkten Nähe.

Da sind viele Versuche, uns zu trösten und aufzurichten, doch die Worte und Gesten gehen uns nicht nahe. Und dann kommt da eine unerwartete Begegnung, eine Erfahrung in der Stille oder in der Natur und unvermittelt kann uns ein Gefühl von Trost und neuer Kraft erreichen. Was das verursacht hat? Wir können es nicht beschreiben. Aber es geschieht.

Da ist die Wirrnis in unseren Gedanken, ein Chaos an Ängsten, Problemen und ungelösten Fragen. Zermürbende Gefühle bestimmen uns. Doch in einer unerwarteten Situation oder zu einem gänzlich seltsamen Zeitpunkt kommt Ruhe in uns auf, nimmt ein Gefühl oder ein Gedanke Gestalt an und stärkt uns.

Da bestürmen uns Zweifel an uns selbst, an den Menschen, die uns umgeben, am Sinn, den wir nicht finden. Wir spüren, dass uns die Kraft ausgeht, in dieser Situation zu kämpfen und mit ihr umzugehen. Doch da gibt es den Augenblick, in dem wir das Ungelöste und Aussichtslose ertragen können und die Kraft finden, einer Veränderung geduldig entgegenzugehen.

Von solchen und vielen anderen Erfahrungen spricht der Psalm 23. Nach langer Wüstenwanderung kommt da jemand zum Ruheplatz am Wasser, zum erfrischenden Grün. Nach schier endloser Durststrecke darf jemand entdecken, dass die Lebenskraft nicht versiegt ist und zurückkommt. In der bedrohlichen Finsternis eines Lebensweges kann sich eine hilfreiche und tröstliche Begegnung ereignen, unberechenbar und nicht das Resultat eigener Kräfte.

Was es genau ist, das uns solche Erfahrungen eröffnet – wir können und müssen es nicht definieren. »Der Herr« ist nahe. Wie und auf welche Weise und warum nicht so, wie wir es gerne hätten – das bleibt offen.

Doch es wird auch deutlich, dass in dieser Gottesrede düstere und schwierige Gottesbilder gewandelt werden. Da ist kein Gott, der ständig fordert und höchste Maßstäbe anlegt. Da ist keiner, der höchst reizbar auf alle Verfehlungen reagiert. Hier wird von keinem Gott gesprochen, der uns in seiner Vollkommenheit immer voraus ist und dem wir eigentlich nie genügen. Der Psalm 23 verabschiedet sich von einem Gott, der uns stresst und klein macht. Er ist nahe und will dafür sorgen, dass uns nichts fehlt.

Manchmal wurden in meiner Tätigkeit der Klinikseelsorge Menschen nach schwierigen Krankheitsphasen gefragt, was ihnen denn geholfen habe. Sehr oft lautet die Aussage: Dass jemand da war, dass ich nicht allein war. Dies konnten Familienmitglieder, einfühlsame Pflegekräfte, engagierte Ärzt:innen oder Seelsorger:innen sein. Wichtig war die Nähe.

Jede sensible mitmenschliche Nähe, die keine eigennützigen Absichten verfolgt, sondern einfach da ist, kann von unschätzbarem Wert sein und heilsam wirken. Und sie kann zum Abbild der Nähe »des Herrn« werden, des fürsorglichen und stärkenden Gottes.

Auch und gerade in der Wüste, im finsteren Tal, in der Kraftlosigkeit kann uns diese Nähe ergreifen und begegnen. Das ist das Bekenntnis des Psalms, genährt von vielen, vielen ganz konkreten Erfahrungen. Und dieses Bekenntnis will jeden Menschen ermutigen, auf diese Nähe zu vertrauen.

Vertrauen ist stets ein Risiko; Netz und doppelten Boden gibt es nicht mehr. Kontrolle ist nicht möglich und verfehlt die Tiefe des Vertrauens. Manchmal gleicht Vertrauen einem tiefen Fall ins Ungewisse. Gerade dann, wenn wir nichts mehr in den Händen halten, wenn alle selbst gefertigten Sicherheiten entgleiten, kann sich das Unglaubliche ereignen: Ich werde aufgefangen.

Unfassbar und vielleicht doch gegenwärtig

GEGENWÄRTIG

Im Atem gebetet
im Schweigen geträumt
im Singen umarmt

Im Erinnern bewahrt
im Wiedersehen gefeiert
im Verstehen verkostet

In Ohnmacht entbehrt
vor Unrecht angeklagt
in Trauer geweint

Im Festhalten entglitten
im Hoffen erahnt
im Glauben geschenkt

Unnennbar heilige Gegenwart Gottes
bleibe bei euch
und segne euer Leben

Amen.
ANNETTE JANTZEN

Von Gott zu reden – wie ist das angesichts all der bitteren Erfahrungen und nicht heilen wollenden Verwundungen möglich? Noch dazu bei all dem Missbrauch, der mit der Gottesrede einhergeht? Mit all dem Schmutz, in den dieses Wort tausendfach getreten wurde? Doch die Frage bleibt im Raum, treibt uns um. Einmal gegebene Antworten unterliegen befristeter Haltbarkeit – in der einen wie in der anderen Richtung. Da Ja und das Nein zu Gott können gleichermaßen ins Wanken geraten.

Ein Journalist, der in Krisengebieten unsägliche Gräuel gesehen hat, sagte mir im Gespräch einmal: »Ich wäre froh, ich könnte Atheist sein.« Diese Aussage hat mich lange beschäftigt. Mir sind viele Menschen begegnet, die umgekehrt sprachen: »Ich würde so gerne glauben, aber ich kann nicht.« Aber der Wunsch, nicht an Gott zu glauben und dies nicht konsequent zu schaffen, hat mich sehr berührt. Wie erschütternd müssen die inneren Kämpfe sein!

Die Zeilen von Annette Jantzen skizzieren Spuren, keine Glaubensgewissheiten. Wir atmen, singen und schweigen und wir sind ohnmächtig, klagend und traurig. Wir ahnen, suchen festzuhalten und erfahren die Grenzen unseres Sprechens. Manchmal wird nur spürbar, was wir entbehren, und dann können wir doch etwas verstehen und freuen uns daran.

In allem, was wir empfinden, was uns bewegt, wie wir uns erfahren, kann sich eine Spur eröffnen, hin zu einer geheimnisvollen Gegenwart. Nicht zu begreifen und nicht festzuhalten. Nicht verfügbar und damit unserem Zugriff nicht ausgeliefert. Nicht benennbar und damit größer als wir – unsere Macht stößt an ihre Grenzen. Vielfältig und keineswegs nur harmonisch, erfüllend und bergend. Nein, auch rätselhaft, unverständlich und verdunkelt.

Wir können nicht definieren, proklamieren und gläubige Gewissheiten wie Keulen schwingen. Auswendig gelernte Glaubensbekenntnisse können zu leerem Stroh werden. Sie entsprechen weder der Unfassbarkeit Gottes noch der Vielfalt der Suche der Menschen. Ausgeklügelte Argumentation kann intellektuell bestechen, doch unserem Herzen und Lebensgefühl fernbleiben. Meinungen, die wie eine Monstranz vor sich hergetragen werden, müssen keineswegs die Kraft haben, überzeugend zu sein.

Aber wir können offen bleiben. Offen für ein Erinnern, das uns verankert. Offen für ein Wiedersehen, das zum Fest wird. Offen für ein verändertes Verstehen, das uns bereichert. Offen für das Geschenk, dass uns Trost und Hoffnung ergreifen, wo wir nur noch vor Abgründen stehen.

Denn überall und in allen Erfahrungen kann sich eine »*heilige Gegenwart*« ereignen, die im buchstäblichen Sinn »*heilig*« ist. Nicht entrückt, perfekt und unerreichbar. Nicht abgehoben und in Sphären der Erhabenheit. Sondern zugewandt und hilfreich, stützend und bewegend, kräftigend und befreiend – eben heilsam, heilend – »*heilig*«.

Auf diese Gegenwart zu vertrauen, obwohl sie oft so wenig spürbar ist, geht über unsere Kräfte. Und kann doch unbegreiflicherweise gelingen. Für sie offen zu bleiben, obwohl so vieles verschlossen scheint, ist die vielleicht schwierigste und zugleich heilsamste Antwort auf die erschütternden Krisen in unserem Leben.

Nach der Krise

Es ist tröstlich: Es gehört zu den meisten Krisen, dass sie auch ein Ende finden. Irgendwann ist ein Konflikt bewältigt oder akzeptiert, ist ein Tal durchschritten, dringt wieder mehr Licht als Dunkel in das Leben. Betroffene spüren, wie die Last eines Schicksals leichter wird, wie die Trauer zwar bleibt, aber nun neben immer deutlicher werdenden lebensbejahenden Tatsachen steht und sie nicht überdeckt. Krankheiten können überwunden oder auch angenommen werden und wir beginnen, das Leben wieder zu genießen. Nachdem Erschütterungen alles durcheinandergebracht haben, finden wir wieder einen Lebensrahmen, dem wir uns anvertrauen können. Es gibt die Zeit nach der Krise.

Meist ist es nicht so, dass alles wieder so wird, wie es war. Unsere Umgebung und wir haben uns verändert. Wichtige Menschen fehlen. Ereignisse können nicht ungeschehen gemacht werden. Verletzungen bleiben. Unsere Erfahrungen haben in uns gearbeitet, Einstellungen und Gefühle verändert. Wir haben einen Prozess durchschritten, der vieles in Bewegung gebracht hat.

In drei Stichworten können sich prägende Nachwirkungen von Krisen bündeln lassen, ohne damit auch nur annähernd alles zu bedenken. Krisen können uns *bewusster, sensibler* und *stärker* machen. So eröffnet sich die Möglichkeit, in ihnen doch auch einen Sinn aufzuspüren.

Wer Durststrecken und dunkle Täler durchwandert hat, ist der Angst und dem Zweifel, den Tränen und der Schwäche begegnet. Diese Erfahrungen hinterlassen tiefe Spuren und Prägungen. Die Einsicht, dass nichts selbstverständlich ist, wurde unmittelbar und ganz konkret. Hautnah erleben Menschen, wie brüchig der Boden unter den Füßen werden kann und wie schnell sich unser gesamtes Lebensgefühl zu ändern vermag.

Uns ist *bewusst* geworden, wie dankbar wir für viele Kleinigkeiten sein dürfen. Liebenswerte Alltäglichkeiten nehmen wir neu und bewusster wahr. Mit unserer Zeit gehen wir achtsamer um. Unseren Grenzen begegnen wir mit gewachsenem Respekt. Wir haben möglicherweise erfahren, welche Menschen uns besonders nahe und wichtig sind, und die Beziehung zu diesen Menschen gestalten wir sorgsam. Eigene Prioritäten und eigene Verletzlichkeiten sind uns bewusster geworden.

Doch nicht nur der Blick auf uns selbst ist davon geprägt. Auch unser Bewusstsein für die Situation von Mitmenschen kann geschärft werden. Aus eigener schmerzlicher Erfahrung wissen wir, wie es Menschen in schwierigen Lebenslagen ergeht, was sie belastet und was für sie hilfreich sein kann. Von diesem Bewusstsein inspiriert, vermeiden wir zusehends achtlose und leere Sprache und überlegen unsere Worte genauer. Altes Schubladendenken kann überwunden werden, weil wir wissen, wie unpassend das sein kann. Oberflächliche Urteile kommen nicht mehr über unsere Lippen.

So kann der bewusste Umgang mit sich selbst und seiner Umgebung zu einer bleibenden Frucht der leidvollen Zeit werden.

Das kann Hand in Hand mit einer gewachsenen *Sensibilität* gehen. Wer verwundet war, weiß um den Schmerz. Die Narben bleiben oft hoch empfindsam und melden uns Aufregung, Anspannung und Belastung. Häufig ist die Gefühlswelt deutlich verändert, wir sind vielleicht schneller zu Tränen gerührt oder verspüren eine tief gehende Betroffenheit in verschiedenen Situationen.

Aus eigener Erfahrung wird man empfindsam für achtlose Verhaltensweisen und das ist nicht mit Empfindlichkeit zu verwechseln. Bei Erfahrungen mit Sucht in der nahen Umgebung wird man sensibel gegenüber Trinksprüchen und einer lockeren Konsumhaltung. Nach erlittenem Mobbing ist man nicht mehr bereit, sich einfach über die Dünnhäutigkeit anderer Menschen zu äußern. Bei Erfahrungen mit Suizid legt man auf eine behutsame Wortwahl (Suizid und Selbst-Tötung statt »Selbst-Mord«) Wert und kann es kaum ertragen, wenn sich Leute aus der Distanz heraus darüber unterhalten, welche Suizidmethode sie anwenden würden.

Solch zunehmende Sensibilität macht uns verletzlich und wirbelt unsere Gefühle schneller durcheinander. Wir gehen feinfühliger mit uns selbst und unseren Empfindungen um. Dies verleiht vielen Situationen Tiefe und intensives Erleben.

Gewachsene Sensibilität bringt uns mit Menschen in den Austausch, die dankbar sind, dass ihnen behutsam begegnet wird. Unser Wandel kann für andere zur Lebenshilfe werden und wichtige Brücken bauen. Gemeinschaften gewinnen dadurch an Mitmenschlichkeit und ausreichendem Raum für Menschen in Bedrängnis. Und wir selbst dürfen uns beschenken lassen von einer großen Breite der Gefühle und Wahrnehmungen in unserem Leben.

Trotz gewachsener Verletzlichkeit sind Menschen nach einer durchlebten Krise oft *gestärkt* und mit neuen Kräften ausgestattet. Die Konfrontation mit Veränderungen, Grenzen und Vergänglichkeit hat die Einstellung zum Leben beeinflusst und zu einer Akzeptanz schwieriger Lebensphasen geführt. Nicht jede dunkle Wolke versetzt uns in Angst.

Die Neuordnung der Prioritäten ermöglicht es, sich über vieles nicht mehr aufzuregen, das uns früher beschäftigt und heruntergezogen hat. Wir ordnen Ereignisse und auch Beschwernisse anders ein. Wir haben erfahren, was in einer kritischen Situation bedrohlich und was hilfreich sein kann, und agieren daher anders.

Stärke kann auch missverstanden werden. Sie muss nicht meinen, dass wir fähig geworden sind, noch schwerere Lasten zu tragen und wir unsere Schultern wie in einem Fitnesscenter trainiert haben. Stärke bezieht sich nicht auf eine souveräne Unverwundbarkeit oder unverwüstliche Widerstandsfähigkeit.

Stärke kann es auch sein, die eigenen Grenzen schneller zu erkennen und zu einem früheren Zeitpunkt Hilfe zu suchen. Stärker sind wir, wenn wir notwendige Entscheidungen vorausschauend treffen und nicht immer meinen, wir schaffen schon alles. Es kann ein Zeichen von Stärke sein, rechtzeitig zu einem Vorhaben, einem Plan oder einer kraftraubenden Herausforderung Nein zu sagen. Stärke kann uns befähigen, eine unveränderliche Situation anzunehmen.

Mitunter finden Menschen in Krisen auch die Kraft zu einer veränderten Sinnantwort und einem veränderten Glauben. Sie trauen sich, mit Gott zu hadern. Sie nehmen Abschied von einem lieb gewonnenen Gottesbild eines immer lieben und alle Wünsche erfüllenden Gottes. Sie schöpfen Kraft, auch die unbegreiflichen und dunklen Seiten Gottes, das Geheimnis, zu ertragen.

Ich begegne oft bewundernswerten Menschen, die nach einer Krise die Kraft aufbringen, sich für andere Menschen einzusetzen und denen beizustehen, die ähnliche Herausforderungen durchleben müssen. Welche Stärke zeigt die junge Frau, die zwei Kinder durch einen Gendefekt verloren hat und die nun in einer Gruppe verwaister Eltern dafür sorgt, dass Betroffene mit solchen Erfahrungen nicht allein sind. Wie stark ist das Engagement »trockener« und ehemals alkoholkranker Männer und Frauen, die an ihren Erfahrungen teilhaben lassen und andere darin bestärken, dem Teufelskreis der Sucht zu entkommen. Wie hilfreich wirken Hospizhelfer, die eigene Trauer durchlebt und bearbeitet haben und nun Menschen auf dem Schlussstück des Lebensweges begleiten.

Krisen sind schrecklich und Krisen können höchst gefährlich sein. Niemand sucht die Krise von sich aus. Wir alle versuchen, absehbaren Krisen zu entgehen. Es darf kein Anliegen sein, Krisen herbeizureden, heraufzubeschwören oder sie sehenden Auges entstehen zu lassen. Doch manchmal sind sie eben unvermeidlich und wir können weder vorbeugen noch ihnen entgehen. Niemand weiß im Voraus, was die Krise in ihm auslöst und verändert. Krisen sind ergebnisoffen.

Doch sie können auch vieles bewegen, was wir nach und nach als kostbare Bausteine in unserem Lebensgebäude entdecken. Für manche leidgeprüften Menschen ist es zu billig und zu oberflächlich, von der »Krise als Chance« zu sprechen. Doch viele sehr unterschiedliche Krisenwege von Menschen bezeugen eindrucksvoll, dass die Saat der Hoffnung in der Krise nicht zwangsläufig verdirbt und erstirbt.

Im südenglischen Cornwall gibt es die »Verlorenen Gärten von Heligan«, die zu den meistbesuchten Gärten Englands zählen. Sie stammen aus der glorreichen Zeit des britischen Empire, gerieten in den Wirren des Ersten Weltkrieges in Vergessenheit und verwilderten vollkommen. 1990 wurden sie zufällig wieder entdeckt und in mühsamer Arbeit von meterdicken Dornenhecken und Wildwuchs befreit. Pflanzen aus verschiedenen Herkunftsländern, deren Saaten jahrzehntelang von Erdreich und Überwucherungen verdeckt waren, bekamen wieder Luft und Licht. Sie konnten wieder aufgehen und wachsen. Warum soll dies mit unserer Hoffnung auf ein gelingendes Leben nicht auch möglich sein?

Dank

Das gedankliche Umkreisen von Krisen war für mich ein schwieriges Unterfangen. Allzu deutlich stand vor Augen, dass die leidvolle konkrete Situation schnell aus dem Auge verloren wird. Immer wieder wurde die Gefahr spürbar, aus der Distanz und Verallgemeinerung heraus »gute Ratschläge« zu entwickeln. Für Betroffene wird dies schnell zum Ärgernis. Ich hoffe, dies konnte weitgehend vermieden werden.

Eine wichtige Hilfe in diesem Anliegen war die Bereitschaft von Menschen, die mir persönlich nahestehen, andere an ihren Erfahrungen teilhaben zu lassen. Dies ermutigte auch mich, einen intimen Einblick in meine ganz persönlichen Krisenerfahrungen zu ermöglichen. Solche Öffnung ist immer eine Gratwanderung. Sie möchte einerseits dazu ermutigen, dass die Leser:innen den Blick auf ihre eigenen, ganz unterschiedlichen Erfahrungen zulassen. Sie weiß aber auch um die Gefahr mangelnder Abgrenzung und zu einseitiger Betonung.

Ich danke der Figurenkünstlerin Dr. Angela Eberhard, der ich nach vielen Jahren wieder begegnen durfte, für die Erlaubnis, einige ihrer Figuren in diesem Buch abzubilden, und die Bereitschaft, ihren persönlichen Krisenweg aufzuzeigen. Seelische Krisen sind leider immer noch ein vielfach tabuisiertes Thema. Angela Eberhards Beitrag kann hier Vorurteile und Ängste abbauen.

Ich danke meiner Lebenspartnerin Sigrid Losert, die mit großer Offenheit über ihre Krebserkrankung mit schwerwiegenden Konsequenzen spricht. Der beschriebene Prozess in der Erkrankung und die hoffnungsvolle Grundstimmung mögen für viele Ermutigung in schweren Situationen sein.

Mein Sohn Clemens Epp war spontan bereit, schwere Verluste aus der Perspektive eines heranwachsenden jungen Menschen zu reflektieren. Auch viele Jahre nach den Geschehnissen waren seine Zeilen für mich sehr bewegend und ich habe – trotz aller persönlichen Nähe – Neues und Aufschlussreiches erfahren.

Neben diesen namentlich gekennzeichneten Erfahrungsberichten flossen verschiedene Begegnungen mit Menschen in ihren ganz eigenen Krisen in den Text ein. Für die offenen und vertrauensvollen Gespräche, die mir immer wieder geschenkt werden, bin ich von Herzen dankbar. Sie geben mir immer wieder wichtige Orientierung.

Claudia Lueg und Anja Hager vom Patmos-Verlag danke ich für die stets vertrauensvolle und konstruktive Unterstützung bei der Entstehung dieses Buches und Ingrid Koller und Anselm Müller-Busse für seine Fertigstellung.

Allen Erfahrungsberichten ist es gemeinsam, dass Krisen bewältigt werden konnten, weil Menschen da waren, die uns in schweren Stunden nicht alleinließen. So gilt der letzte Dank all den unzähligen Wegbegleiter:innen, die im öffentlichen oder stillen Engagement durch Nähe und Verständnis wesentlich dazu beitragen, dass Menschen an ihren Krisen nicht zerbrechen.

Ein Buch kann dies in dieser Weise niemals leisten.

Quellenverzeichnis:

(S. 2) Peter Handke, in: Vor der Baumschattenwand nachts. Zeichen und Anflüge von der Peripherie 2007–2015, Frankfurt 2018

(S. 11) Käthe Kollwitz, An der Kirchenmauer, 1893, Strichätzung, Kaltnadel und Pinselätzung, Kn 17, Käthe Kollwitz Museum Köln

(S. 21) Die Tödin, Figur von Angela Eberhard aus dem Zyklus »Totentanz«, Rechte bei der Künstlerin.

(S. 62) In: Fernverhör von Václav Havel. Ein Gespräch mit Karel Hvížďala, Reinbek 1987

(S. 89) Hilde Domin, in: Gesammelte Gedichte, Frankfurt 1987

(S. 94) Dietrich Bonhoeffer, in: Widerstand und Ergebung, München 1951

(S. 94–95) Konstantin Wecker, in: Utopia, Album 2021

(S. 100) Tod als Tröster, Figur von Angela Eberhard aus dem Zyklus »Totentanz«, Rechte bei der Künstlerin.

(S. 102) Wilhelm Bruners, in: Am Rande des Tages, Innsbruck 2020

(S. 109) Reiner Kunze, in: Sensible Wege, Frankfurt 1996

(S. 112) Mascha Kaléko, in: In meinen Träumen läutet es Sturm, München 1977

(S. 121) Günter Kunert, in: Erinnerungen an einen Planeten, München 1962

(S. 128) Leonard Cohen, in: The Future, Album 1992

(S. 130–131) Marie Luise Kaschnitz, in: Gedichte, Frankfurt 1975

(S. 137) Annette Jantzen, www.gotteswort-weiblich.de

Alle Bibelzitate in: Einheitsübersetzung der Heiligen Schrift, Stuttgart 2016

Über den Autor:

Josef Epp war Religionslehrer und Klinikseelsorger. Er ist ein gefragter Referent in der Erwachsenenbildung und berät Teams, Kollegien, Organisationen, Betriebe und Einzelpersonen (www.presima.de). Der verwitwete Vater dreier erwachsener Kinder lebt im Allgäu.

www.josef-epp.de.

Stärker sein als der Stress

Josef Epp
Mich schützen und stärken
Resilienz im Alltag

Anregungen und Übungen

176 Seiten
Hardcover mit Leseband
ISBN 978-3-8436-1211-1

Privater und beruflicher Stress, Belastungssituationen in der Familie, am Arbeitsplatz, durch Ehrenämter – das bringt viele Menschen an ihre Grenzen. Wenn die Anspannung zum beherrschenden Lebensgefühl wird, gerät die Gesundheit in Gefahr. Entscheidend sind die Stärkung der persönlichen Widerstandskraft und der Aufbau von Schutzbereichen. Josef Epp gibt ermutigende Anregungen für eine gesunde Selbstfürsorge an Leib und Seele. Im Dialog mit Fachleuten aus verschiedenen Gebieten zeigt er, wie man belastende Faktoren bewusst angehen und Ressourcen aktivieren kann, etwa Motivation, Beziehungen, Lebensfreude und Spiritualität. Das Besondere an diesem Buch: die Kombination aus wissenschaftlicher Grundlage, ganzheitlichem Ansatz und alltagstauglicher Umsetzbarkeit durch Anregungen und Übungen.

www.verlagsgruppe-patmos.de